高职三教改革与校企合作模式研究

王 然 著

中国纺织出版社有限公司

内 容 提 要

本书围绕高职三教改革与校企合作模式这两个关键词，从研究背景、研究综述、研究方法与框架等方面入手，系统分析了高职三教改革的理论基础和实践经验，以及高职三教改革与校企合作的内在联系、影响、适应性和创新等方面的问题，最终进行实证分析与案例研究，提出相关政策建议。

图书在版编目（CIP）数据

高职三教改革与校企合作模式研究 / 王然著 . -- 北京：中国纺织出版社有限公司，2023.7
ISBN 978-7-5229-0826-7

Ⅰ.①高… Ⅱ.①王… Ⅲ.①高等职业教育—产学合作—研究—中国 Ⅳ.①G718.5

中国国家版本馆 CIP 数据核字（2023）第 145964 号

责任编辑：张 宏　　责任校对：江思飞　　责任印制：储志伟

中国纺织出版社有限公司出版发行
地址：北京市朝阳区百子湾东里 A407 号楼　邮政编码：100124
销售电话：010—67004422　传真：010—87155801
http://www.c-textilep.com
中国纺织出版社天猫旗舰店
官方微博 http://weibo.com/2119887771
三河市宏盛印务有限公司印刷　各地新华书店经销
2023 年 7 月第 1 版第 1 次印刷
开本：787×1092　1/16　印张：9.5
字数：200 千字　定价：98.00 元

凡购本书，如有缺页、倒页、脱页，由本社图书营销中心调换

前 言 PREFACE

当前，高职教育在国家经济社会发展中具有非常重要的地位和作用。高职三教改革是当前高职教育的重要改革之一，主要是指将职业教育、普通教育和实践教育三种教育方式有机融合，形成以实践教育为主导的教育模式。而校企合作则是指高职院校与企业之间建立起紧密联系的合作关系，以培养符合市场需求的应用型人才为目的。

本书围绕高职三教改革与校企合作模式这两个关键词，从研究背景、研究综述、研究方法与框架等方面入手，系统分析了高职三教改革的理论基础和实践经验，以及高职三教改革与校企合作的内在联系、影响、适应性和创新等方面的问题，最终进行实证分析与案例研究，提出相关的政策建议。

在研究过程中，我们采用了多种研究方法，包括文献研究、实证分析与案例研究等。通过对相关文献的综合梳理和分析，我们深入了解了高职三教改革和校企合作的相关背景和现状，以及这两者之间的关系和互动机制。在实证分析和案例研究中，我们从不同角度和维度出发，深入剖析了高职三教改革和校企合作的实际运作情况和相关问题，从而为相关决策提供了重要参考和支持。

在本书的结论与建议部分，我们总结了研究过程中的主要发现和结论，提出了相关政策建议。具体而言，我们认为高职三教改革与校企合作模式是相互促进、互动发展的关系。高职三教改革为校企合作提供了更多的合作机会和需求，同时校企合作也为高职三教改革提供了实践基础和人才培养支撑。因此，我们建议：第一，加强高职三教改革与校企合作模式的整体规划，政府部门应制定相关政策和措施，推动高职三教改革与校企合作模式的整体发展和协同推进；第二，加强高职院校与企业之间的合作关系，高职院校应积极主动与企业沟通合作，开展校企合作项目，建立长期稳定的合作关系，以满足市场需求，为实现高职三教改革目标提供有力支撑；第三，加强高职教育教学模式的改革，高职教育应注重实践教育的质量和效果，改变传统的教学模式，采用新型的教育教学手段和方法，提高学生的实践能力和创新能力；第四，建立完善的校企合作机制和运作体系，高职院校和企业应共同建立校企合作机制和运作体系，明确各自的责任和任务，保障合作项目的顺利开展；第五，推动高职教育与产业的深度融合，政府部门应加强对高职教育和产业的支持和引导，推动高职教育与产业的深度融合，提高高职教育的适应性和市场竞争力。

总之，本书旨在为高职三教改革和校企合作模式的发展提供参考和建议，希望能够为广大读者和相关决策者提供有益的帮助和借鉴。

著者

2023 年 4 月

目 录 CONTENTS

第一章　导论 ·· 1
　　第一节　研究背景及意义 ··· 1
　　第二节　研究综述 ·· 3
　　第三节　研究方法与框架 ··· 5

第二章　高职三教改革的理论基础 ·· 7
　　第一节　高职三教改革的基本概念 ··································· 7
　　第二节　高职三教改革的理论基础 ·································· 11
　　第三节　高职三教改革的实践经验 ·································· 16

第三章　高职三教改革与校企合作的关系 ···························· 27
　　第一节　高职三教改革与校企合作的内在联系 ················· 27
　　第二节　高职三教改革对校企合作的影响 ························ 37

第四章　校企合作的模式及其运作机制 ······························· 53
　　第一节　校企合作模式的分类与评价 ······························ 53
　　第二节　校企合作模式的运作机制 ·································· 66

第五章　高职三教改革与校企合作模式的适应性 ·················· 83
　　第一节　高职三教改革对校企合作模式的适应性分析 ········ 83
　　第二节　校企合作模式对高职三教改革的促进作用 ··········· 90

第六章　高职三教改革与校企合作模式的创新 ··················· 105
　　第一节　创新型校企合作模式的构建 ····························· 105

1

第二节　创新型校企合作模式的运作机制 …………………………………… 113

第七章　实证分析与案例研究 …………………………………………………… 121
　　第一节　实证分析研究方法 …………………………………………………… 121
　　第二节　典型案例分析 ………………………………………………………… 132

第八章　结论与建议 ……………………………………………………………… 141
　　第一节　研究结论 ……………………………………………………………… 141
　　第二节　政策建议 ……………………………………………………………… 141

参考文献 …………………………………………………………………………… 143

第一章 导论

第一节 研究背景及意义

一、研究背景

高等职业教育是我国教育事业的重要组成部分，它既是培养高素质应用型人才的重要渠道，也是推动社会经济发展的重要力量。在当前我国经济社会发展的新形势下，高职教育需要不断改革和创新，以适应时代的需求和发展的要求。高职三教改革和校企合作模式就是当前高职教育发展的热点话题。

高职三教改革是指将职业教育、普通教育和实践教育三种教育方式有机融合，形成以实践教育为主导的教育模式。高职三教改革的实施，旨在提高高职教育的实践性和适应性，培养更符合市场需求的应用型人才。同时，高职三教改革需要探索新的教学模式，以更好地适应时代的发展和社会需求。

校企合作是指高职院校与企业之间建立起紧密联系的合作关系，它以培养符合市场需求的应用型人才为目的。通过校企合作，高职院校可以更好地了解市场需求和行业趋势，将这些信息运用到教学中，提高教育的实践性和适应性，培养更符合市场需求的应用型人才。同时，校企合作也能够促进学校和企业的共同发展，提高教学质量和学生就业率。

高职三教改革与校企合作模式具有密切的内在联系。高职三教改革需要依托实践教育，在实践教育基础上不断探索和创新教学模式，提高教育的实践性和适应性。而校企合作恰恰可以为高职教育的实践教育提供更好的支持和保障，使学生更好地接触实际工作，获得更多的实践经验。同时，校企合作也可以将学校与市场需求更加紧密地结合起来，为高职三教改革提供有力的支持和保障。

因此，高职三教改革与校企合作模式的研究具有重要的现实意义和理论价值。深入研究高职三教改革与校企合作模式的内在联系和互动关系，有助于探索新的教育模式和教学方法，提高高职教育的教育质量和学生的就业竞争力。此外，高职三教改革与校企合作模式的研究也可以为其他类型的教育改革和校企合作提供有益的借鉴和启示。

在实践层面，高职三教改革与校企合作模式的研究可以帮助高职院校和企业更好地合作，共同探索和实践新的教育模式及校企合作模式。通过充分利用各自的优势和资源，高职院校和企业可以建立更为紧密的合作关系，为培养更多优秀的应用型人才做出更大的贡献。

在理论层面，高职三教改革与校企合作模式的研究可以丰富教育理论研究的内容和方法。通过深入探讨高职三教改革和校企合作模式的内在联系和互动关系，可以不断创新教育理论和教学方法，提高教育的质量和水平，推动教育改革和发展。

高职三教改革与校企合作模式的研究具有重要的现实意义和理论价值。通过深入研究高职三教改革与校企合作模式的内在联系和互动关系，可以为高职教育的发展和教学改革提供有力的支持和保障，推动高职教育不断向前发展。

二、研究意义

（一）理论意义

1. 丰富教育理论研究的内容和方法

高职三教改革与校企合作模式的研究可以丰富教育理论研究的内容和方法。通过深入探讨高职三教改革和校企合作模式的内在联系和互动关系，可以不断创新教育理论和教学方法，提高教育的质量和水平，推动教育的改革和发展。

2. 探索高职教育发展的新路径和新方向

高职三教改革与校企合作模式的研究可以探索高职教育发展的新路径和新方向。通过深入研究高职三教改革与校企合作模式的内在联系和互动关系，可以为高职教育的教学改革和人才培养提供新的思路和方法，推动高职教育向更高层次发展。

3. 推动高校与社会的深度融合

高职三教改革与校企合作模式的研究可以推动高校与社会的深度融合。通过加强高校与企业的合作，实现教学与实践的有机结合，可以更好地培养符合市场需求的应用型人才，促进高校与社会的互动以及交流。

（二）现实意义

1. 提高高职教育的实践性和适应性

高职三教改革与校企合作模式的研究可以提高高职教育的实践性和适应性。通过深入研究高职三教改革与校企合作模式的内在联系和互动关系，可以为高职教育提供更好的教学方法和教育模式，使教育更加贴近市场的需求，更加符合时代的发展。

2. 促进高校与企业的共同发展

高职三教改革与校企合作模式的研究可以促进高校与企业的共同发展。通过加强高校与企业的合作，可以为企业提供更多的人才和技术支持，帮助企业解决实际问题和提升竞争力。同时，高校也可以借助企业的资源和平台，推动科学研究和技术创新，提高高校的学术水平和科研能力。

3. 加强校企合作的实践探索和创新

高职三教改革与校企合作模式的研究可以加强校企合作的实践探索和创新。通过深入研究不同类型的校企合作模式和运作机制，可以为高校和企业提供更多合作思路和方式，推动校企合作的创新和发展。

4. 推进产教融合和人才培养的深度融合

高职三教改革与校企合作模式的研究可以推进产教融合和人才培养的深度融合。通过加强高校与企业的合作，可以实现教学与实践的有机结合，更好地培养适应市场需求的应用型人才。同时，也可以促进产业与教育的深度融合，提高产业的技术水平和人才素质，推动经济的持续发展和社会的进步。

高职三教改革与校企合作模式的研究具有重要的现实意义。通过深入研究其内在联系和互动关系，可以为高职教育改革和发展提供有益的参考和启示，促进高校与企业的共同发展，推进产教融合和人才培养的深度融合，进一步推动经济社会的发展和进步。

第二节　研究综述

高职三教改革与校企合作模式的研究是当前教育研究领域的热点问题之一，国内外学者们在该领域进行了广泛深入的研究，取得了一系列有价值的研究成果。

一、国内研究综述

近年来，高职三教改革与校企合作模式的研究在国内备受关注，国内学者们进行了大量的实证研究和理论探讨，为高职教育的发展和产业转型升级提供了重要的理论和实践支持。

（一）高职三教改革的理论探讨

高职三教改革是当前高职教育改革的重要内容之一。国内学者们从不同的角度对高职三教改革进行了深入探讨，主要包括高职教育教学模式、高职教育与产业发展的关系、高职教育的质量保障体系等方面。

于婧（2020）从高职教育教学模式的角度出发，探讨了高职三教改革的实践与思考。其研究发现，高职三教改革可以有效提高高职教育的实践性和适应性，为培养符合市场需求的人才提供了重要支持。

刘宗亮等（2020）从高职教育与产业发展的角度出发，探讨了高职教育的定位和发展方向。其研究发现，高职教育需要更好地与产业对接，深入推进产教融合，进一步提高教育的实践性和适应性。

杨奇等（2019）从高职教育的质量保障体系出发，探讨了高职三教改革对高职教育质量保障体系的影响。其研究发现，高职三教改革可以促进高职教育的质量保障体系建设，提高教育质量和学生就业竞争力。

（二）校企合作模式的分类与评价

校企合作是高职三教改革的重要组成部分，校企合作模式的分类和评价对于推动校企合作的深入开展和提高合作效果至关重要。国内学者们通过对不同类型的校企合作模式进行分类和评价，为校企合作的开展提供了理论基础和指导意见。

1. 校企合作模式的分类

根据合作方式和内容的不同，国内学者将校企合作模式分为以下几类：第一，技术开发型合作模式，这种合作模式主要是以技术转让和研发合作为主要内容，通过合作共享技术和知识资源，实现技术的升级和产品的优化，这种合作模式在工程、科技、生物制药等领域得到广泛应用；第二，实训型合作模式，这种合作模式主要是以实践教学和人才培养为主要内容，通过学校和企业的合作共同开展实践教学，培养符合企业需求的应用型人才，这种合作模式在医疗、旅游、美容美发等领域得到广泛应用；第三，人才输出型合作模式，这种合作模式主要是以学校为主导，向企业输出高素质人才为主要内容，通过企业提供实践环境和就业机会，使学生在实践中不断提升能力，从而实现人才的输出，这种合作模式在餐饮、酒店管理等领域得到广泛应用；第四，科研型合作模式，这种合作模式主要是以科研合作为主要内容，通过企业提供资金和技术支持，帮助学校开展科研项目，提升学校的科研实力，同时企业也能获得科技创新的成果，实现共赢，这种合作模式在电子、信息、制造等领域得到广泛应用。

2. 校企合作模式的评价

针对不同的校企合作模式，国内学者们进行了评价和分析，主要从以下几个方面进行评价：第一，合作效果评价，主要是评价校企合作是否达到预期的目标，包括合作项目的实施效果、人才培养效果、科研成果等方面，同时还要评价合作是否能够产生经济效益和社会效益；第二，合作机制评价，主要是评价合作机制是否合理、可行、公平、透明，是否能够保证合作双方的利益平衡，同时是否能够促进校企合作的深入开展；第三，合作环境评价，主要是评价合作所处的环境和条件是否优越，包括政策支持、社会认可度、人才资源等方面，同时也要评价合作双方的文化差异和利益契合程度，是否能够促进合作的良性发展；第四，合作过程评价，主要是评价合作过程中是否存在沟通不畅、协作不力、合作机制缺陷等问题，并提出相应的改进意见，以保证合作顺利进行。

校企合作模式的评价不仅需要从经济效益和社会效益两个方面进行考虑，同时也需要从合作机制、合作环境和合作过程等多个方面进行综合评价，以确保校企合作能够实现预期的目标，并为高职三教改革提供相应的支持和保障。

二、国外研究综述

国外学者对高职三教改革与校企合作模式的研究也取得了不少成果。主要涵盖校企合作模式的探索和创新、校企合作模式对职业教育的影响、校企合作模式的实践经验等方面，下面将从以下几个方面加以介绍。

（一）校企合作模式的探索和创新

国外学者在研究校企合作模式时，注重探索和创新各种新型的合作模式，以满足不断变化的市场需求和高职教育的不断发展。例如，德国和瑞士高职教育中采取的双元制和三元制教育模式，强调学校与企业之间的紧密联系，使得学生能够在校期间接触到实际工作场景，提高他们的实践技能和职业素养。

另外，荷兰高职教育中的"工作学习"模式也备受关注。该模式强调实践教育与理论教育的有机结合，学生在校期间可以通过实习、项目等方式接触到实际的工作环境，提高他们的职业技能和实践能力。这些新型的校企合作模式有效地促进了高职教育的实践性和适应性，为校企合作提供了新的思路和方向。

（二）校企合作模式对职业教育的影响

校企合作是高职三教改革的核心内容之一，其对职业教育的发展和改善产生了积极的影响。国外学者在研究中发现，校企合作可以提高高职教育的实践性和职业素养，使得学生能够更好地适应市场需求和就业竞争，进而推动整个职业教育的发展。例如，瑞士高职教育中的校企合作模式强调学生的实践教育和职业素养的提高，使得学生具备更强的市场竞争力和职业适应性。同时，学校与企业之间的紧密联系也促进了新技术、新产品的研发和创新，为产业升级和发展提供了有力的支撑。

（三）校企合作模式的实践经验

国外学者在校企合作模式的实践经验方面也做了大量的研究，主要从合作模式的实践案例、成功经验和不足之处等方面进行分析和总结。

以中国和欧洲为例，中国在推进校企合作方面取得了很多成功的经验。中国的校企合作模式主要包括实习、合作办学、研发合作、培训合作等多种形式。其中，实习是最为常见的合作方式，许多高职院校都与企业建立了实习基地，通过实习来促进校企合作的深入开展。另外，许多高职院校还与企业开展合作办学，共同探讨课程设置、教学方法和教学质量等问题，提高教育质量和实践能力。研发合作和培训合作则主要是针对企业的具体需求，共同开展科技研发和技能培训，进一步提升高职教育的实践性和适应性。欧洲的校企合作模式相对来说比较多样化。例如，在德国，企业可以为学生提供专业实践机会，而学生则可以通过与企业合作完成毕业论文。在荷兰，高职教育机构和企业之间的合作非常紧密，教育机构会与企业共同探讨课程设置和教学方式，确保毕业生的职业素养能够满足企业的要求。在英国，高职教育机构还会与社会团体、非政府组织等其他机构开展合作，以更好地满足社会的需求。

国内外校企合作模式的实践经验都表明，校企合作是推动高职教育发展和人才培养的重要途径。不同的合作模式都有其独特的优势和局限性，需要根据实际情况进行选择和适应。同时，合作双方需要建立良好的合作关系，保持沟通和交流，以确保合作顺利开展。

第三节　研究方法与框架

一、研究方法

本研究采用了多种研究方法，包括文献综述、案例分析和实证研究等方法。具体内容如下：第一，文献综述，本研究首先对国内外高职三教改革和校企合作模式的相关文献进行了系统综述，以深入了解研究现状、发展趋势和研究热点，为后续研究提供理论支持；第二，案例分析，本研究将根据国内外校企合作的典型案例，分析不同校企合作模式的特点、优缺点和适用范围，并结合实际案例探讨校企合作模式对高职三教改革的影响；第三，实证研究，本研究将采用问卷调查和深度访谈的方法，对校企合作模式的实施效果、合作机制和合作环境等方面进行实证研究，以获取更具体、更深入的数据和信息，为本研究提供更为丰富的实证支持。

二、研究框架

本研究的框架分为八章，分别为导论、高职三教改革的理论基础、高职三教改革与校企合作的关系、校企合作的模式及其运作机制、高职三教改革与校企合作模式的适应性、高职三教改革与校企合作模式的创新、实证分析与案例研究以及结论与建议。

在第一章导论中，首先介绍了研究的背景和意义，然后对国内外研究综述进行了概括，最后说明了研究方法和框架。

第二章介绍了高职三教改革的理论基础，包括高职三教改革的基本概念、理论基础和实践经验等方面，为后续分析提供理论支撑。

第三章探讨了高职三教改革与校企合作的关系，分别从内在联系和影响方面进行分析，为后续校企合作模式的研究提供了基础。

第四章分析了校企合作的模式及其运作机制，包括校企合作模式的分类与评价以及运作机制两个方面，为后续研究提供了基础。

第五章研究了高职三教改革与校企合作模式的适应性，从适应性分析和促进作用两个方面进行了探讨，为后续创新型校企合作模式的构建提供了思路。

第六章探讨了创新型校企合作模式的构建和运作机制，为校企合作模式的创新提供了具体实践思路和经验。

第七章通过实证分析和典型案例分析，对本研究的观点进行验证和实践，同时进一步丰富了研究的深度和广度。

最后，在第八章结论与建议章节，总结了本研究的主要结论，并提出了相应的政策建议，为高职三教改革和校企合作的深入发展提供一些参考。

第二章 高职三教改革的理论基础

第一节 高职三教改革的基本概念

高等教育在促进国家经济和社会发展中具有至关重要的作用,高等教育的改革和创新也一直是各国政府和学者关注的热点问题。在我国高等教育改革的进程中,高职三教改革是其中一个重要的改革方向。

一、高职三教改革的背景与目标

高等职业教育是中国教育体系中的一种重要类型,也是培养高素质技术技能人才的重要途径。然而,在经济社会快速发展的背景下,高职教育也面临着许多问题和挑战,包括课程设置不适应市场需求,教学手段过于单一,教育资源不够优质等。因此,高职教育的改革与发展已经成为教育界和政府关注的热点问题。

高职三教改革是在这样的背景下提出的,其主要目的是以培养实用型、创新型、复合型人才为目标,推进高职教育质量提升,适应经济社会发展的需要,提高职业教育的质量和地位。

(一)高职三教改革的背景

随着我国经济的快速发展和产业结构的不断调整,对高素质、高技能的人才的需求日益增长,这也成为高职三教改革背景的重要因素之一。在新时代背景下,高职教育已经成为培养技能型人才的主要途径之一,是面向产业、市场和社会的重要人才培养渠道。

在现代经济中,随着市场需求的变化和产业结构的调整,对高素质、高技能人才的需求不断增加。相对传统的大学教育,高职教育更加注重职业教育和实践能力的培养,使学生能更好地适应社会的需求和市场的变化。因此,高职三教改革背景中,满足经济发展需要是不可忽视的因素之一。

同时,高职教育也需要更好地服务于产业经济的发展。高职学生的主要就业方向是产业领域,而产业经济的快速发展对高职教育的质量和能力提出了更高要求。高职学生的职业技能和实践能力也需要更加贴近实际,以更好地服务产业的转型升级和经济的发展。

此外,高职三教改革也是国家教育改革的重要组成部分。在国家加快推进教育现代化的过程中,高职教育作为重要的教育领域,也需要进行更加深入的改革。高职三教改革旨在提高高职教育的质量和水平,提升高职学生的综合素质和职业能力,以更好地适应国家现代化建设的需要。

高职三教改革的背景包括经济发展需要高素质和高技能的人才，教育发展需要更好地服务产业经济，国家教育改革的需要等多个方面。高职三教改革旨在提高高职教育的质量和水平，更好地适应新时代的要求和发展趋势。

（二）高职三教改革的目标

高职三教改革的目标是多方面的，其中最重要的是提高高职教育的质量和水平，培养创新型人才，以及推进高等教育内涵式发展，以下是详细的探讨。

1. 提高高职教育的质量和水平

高职教育在满足社会发展需求方面扮演着重要的角色。高职三教改革的目标之一是提高高职教育的质量和水平。为实现这个目标，高职三教改革需要从以下几个方面入手。

首先，在教学方面，需要加强教师队伍建设，提高教师的专业水平和教学能力。同时，需要优化课程设置，注重职业实践能力培养。针对职业课程，加强与行业、企业的合作，使课程更加贴近市场需求和企业实际，增加学生实践经验和技能。

其次，在课程方面，需要注重发展与市场需求相匹配的课程，鼓励创新思维和实践能力的培养。采用新的教育技术和教学方法，提高课堂效果和学生参与度，使学生的学习更加活跃和有效。

最后，在实践方面，需要加强学生实践教学，丰富实践教学渠道。通过校企合作、校内实践、校外实践等多种形式，让学生更好地掌握职业技能和实践能力，提高就业竞争力。

2. 培养创新型人才

高职三教改革的另一个目标是培养创新型人才。为了实现这个目标，需要在教育教学过程中注重创新能力的培养。

首先，要创新教育教学模式。采用多元化的教学方法，如小组讨论、案例分析、问题解决等，培养学生的创新思维和实践能力。

其次，要优化课程设置，注重创新教育内容。针对市场需求和产业发展，开设相关专业课程，使学生掌握新的知识和技能。

最后，要加强实践教学。通过实践教学，让学生更好地掌握职业技能和实践能力，为未来的职业发展打下坚实的基础。可以采用企业实践教学、校外实践教学、实习等方式，让学生在实践中学习和应用相关知识与技能，提高学生的实践能力和创新精神。

除了教育教学过程中的创新，高职三教改革还提出了在人才培养目标和评价体系中注重创新素质的培养，将创新能力和创新精神作为人才培养的重要指标之一，并在评价体系中进行相应的考核，以确保学生具备创新能力和实践能力。

高职三教改革的目标之一是培养创新型人才，这需要在教育教学过程中注重创新能力的培养，并在人才培养目标和评价体系中重视创新素质的培养，以满足国家产业升级和发展的需求。

3. 推进高等教育内涵式发展

高职三教改革也是推进高等教育内涵式发展的重要手段之一。通过深化教育教学改革，构建适应国家发展需求和产业转型升级的高等教育体系，推进高等教育内涵式发展。具体来说，高职三教改革可以推进高等教育内涵式发展的几个方面：第一，优化课程设置，完善课程体系，根据国家发展需求和行业特点，优化课程设置，强化基础知识和职业技能培养，构建符合产业发展和人才需求的课程体系；第二，创新教学模式，提高教育教学质量，采用现代化的教育教学手段如信息技术、在线教学等，加强实践教学，注重培养学生的创新思维和实践能力，提高教育教学质量；第三，加强师资队伍建设，提高教师素质，建立健全的师资队伍管理机制，提高教师的教学水平和职业素养，培养一批高素质、高水平的教师队伍，为高等教育内涵式发展提供有力的保障；第四，强化科研创新，提高学校的综合实力，积极开展科研创新，提高学校的学术水平和科技实力，推动学校与产业的紧密结合，为产业创新和发展提供智力支持；第五，加强社会服务，提升学校的社会影响力，积极参与社会服务和公益事业，提升学校的社会影响力和声誉，为学生的职业发展和社会的发展作出贡献。

二、高职三教改革的发展历程

高等职业教育一直是中国教育体系中的一项重要组成部分，而高职三教改革是该领域发展的重要阶段，其发展历程充满了曲折和挑战。

2014年，教育部发布了《关于进一步深化高等职业教育教学改革的意见》，提出了实施高职三教改革的具体措施，如加强教学内容的更新和创新、推广实践教学模式、优化教材建设等，旨在加快高职教育发展步伐，为国家经济社会发展提供更多优质人才。

2015年，中华人民共和国教育部印发了《高职高专教育教学改革实施方案（2015—2018年）》，明确提出了加强高职三教改革的目标和任务，以及改革的具体措施和保障措施。方案提出了优化课程结构、开展职业能力测评、促进产教融合等具体举措，为高职三教改革的全面展开提供了指导和支持。

2016年，教育部召开了全国高等职业教育工作会议，会议强调推进高职三教改革，提高高职教育质量，促进高职教育与经济社会的紧密结合。会议提出了进一步优化教育教学资源、推广创新创业教育、加强学生职业素养和实践能力的培养等具体措施，为高职三教改革的加速推进提供了指导和支持。

2018年，中华人民共和国教育部印发了《高等职业教育教学改革"十三五"规划纲要》，进一步明确了高职三教改革的目标和任务，提出了更为具体和全面的改革措施。其中，教学内容改革方面，要求进一步优化课程体系，强化实践性和创新性，开展跨专业、跨领域课程设置；教学手段改革方面，要求推进教育信息化建设，引入现代化教育技术，提高教学质量和效率；教师队伍建设方面，要求加强师资队伍建设，提高教师教学水平和职业素养。

同时，规划纲要还提出了实施"五个工程"的具体措施，包括优化课程体系工程、教育教学信息化工程、师资队伍建设工程、实践教学工程、人才培养质量提升工程。这些工程旨在全面提升高职教育质量和水平，加快高职三教改革的步伐。

高职三教改革在不断推进中，政府和教育部门的大力支持和重视，为高职教育的发展提供了强有力的保障。随着改革的不断深入和实施，高职教育将更加适应社会发展的需要，培养出更多实用型、创新型、复合型人才，为国家经济和社会发展做出更大的贡献。

三、高职三教改革的成果

高职三教改革的成果是多年努力和探索的结果，从教学质量的提升到职业教育与产业需求得更加匹配，从教学手段和教育模式的创新到师资队伍建设的加强，再到高职教育得到社会认可等多个方面都取得了显著成果。

首先，高职三教改革优化了课程设置，更新了教材，改进了教学手段等，这些措施使教学质量得到了提升。教育教学质量评估数据显示，高职院校的教学质量得到了较大幅度的提升，学生的职业能力得到了有效的提高，为就业创造了更好的条件。这些改革措施从课程设置和教材更新入手，加强了实践性和适应性，也突出了职业素养的培养。

其次，高职三教改革使职业教育与产业需求更加匹配。通过优化教学内容、加强实践教学、开展校企合作等措施，有效提高了高职教育的实践性和适应性，使得职业教育与产业需求更加匹配。教育教学质量评估数据显示，高职院校的毕业生就业率和就业质量得到了显著提高，得到了用人单位的高度认可。高职三教改革在这方面的努力已经得到了明显的效果，可以说是与国家发展的需要相契合的一大成果。

再次，高职三教改革通过引入现代化教育技术、推进教育信息化建设、探索创新型教学模式等措施，有效推进了教学手段和教育模式的创新，为高职教育的发展注入了新的活力。通过应用现代化教育技术，高职教育已经不再单一，而是更加多元和创新。这样的变化推动了职业教育走向更为实用和现代化的方向，也为学生提供了更好的教育资源。

最后，高职三教改革加强了师资队伍建设，提高了教师的职业素养和教学水平，为高职教育的发展提供了有力的人才保障。师资队伍是高等教育中的重要资源，教师的素质和教学水平直接影响着教育质量和学生的学习效果。高职三教改革注重加强师资队伍建设，实施了一系列措施，从招聘、培训、评价等多个方面提高了高职教师的职业素养和教学水平。一方面，高职三教改革推动高职院校加强教师招聘和选拔，强调选拔具有实践经验和职业素养的人才担任教师。同时，加强了教师职业道德的培养和评价，注重发挥优秀教师的示范作用，激励广大教师积极进取，不断提高教学水平。另一方面，高职三教改革注重提高教师的职业素养和教学水平，实施了各种培训措施，包括职业技能培训、课程开发和教学方法研究等，不断提高教师的教学能力和职业素养。例如，教育部实施了高职教育教师职业发展计划，针对不同阶段的教师提供了不同的培训和发展计划，帮助教师不断提升自己的教学水平和职业素养。

此外，高职三教改革还加强了教师的评价机制，建立了一套科学、公正的教师评价体系，激励广大教师积极投身高职三教改革，提高教育教学水平。例如，教育部实施了高等职业学校教师职业技能等级认定制度，对教师的职业素养和教学水平进行全面评价，并为教师提供晋升和升职的机会。

第二节 高职三教改革的理论基础

一、高职院校"三教"改革的主要内涵

"三教"是指教师、教材和教法。教师、教材、教法都是事关提升人才培养质量的关键要素，直接关系到学生的职业知识掌握、职业技能获取、职业素养提升、职业道德养成。

（一）教师

教师是高等教育的核心力量，是人才培养的关键要素。高职院校教师队伍的建设是"三教"改革中的一个重要环节。教师队伍建设涉及教师的素质提高、职业发展、教育教学的创新等多方面。

1. 教师素质提高

教师素质的提高是"三教"改革的基础。教师应具备高学历、深厚的学科知识和丰富的实践经验，同时还应具备优秀的职业素养和良好的职业道德。高职院校应该通过加强教师培训、引进优秀人才、鼓励教师进修等方式，提高教师的素质和能力。

2. 教师职业发展

教师职业发展是"三教"改革的关键。高职院校应该制定相关政策，提供良好的职业发展环境和广阔的职业发展空间。例如，建立教师职称评聘制度、鼓励教师参与教育教学研究等。

3. 教育教学创新

教育教学创新是高职院校"三教"改革的核心，教师的教育教学理念和教学方法需要与时俱进。高职院校应该鼓励教师创新教育教学方式，探索更加适合高职教育的教学方法。

（二）教材

教材建设是高等教育的基本建设之一，也是实现高等教育质量提高的关键。教材应当紧贴国家经济发展和社会需求，满足职业教育的需要，同时还应具备时效性、实用性和指导性。

1. 时效性

教材时效性是教材建设的一个重要因素，高职院校的教材需要及时更新，以满足当前行业和社会的发展需求。时效性体现在以下几个方面：第一，行业发展动态，教材需要关注当前行业的发展动态和趋势，及时更新行业发展情况和相关政策法规的内容；第二，技术更新换代，随着科技的进步，相关技术和应用也在不断更新换代，教材需要及时更新这

些技术和应用的内容；第三，学科研究进展，学科研究也在不断发展进步，教材需要及时更新最新的研究成果和学术进展。

2. 实用性

教材的实用性是指教材的内容应该具有一定的实用性和实践性，能使学生更好地掌握职业知识和技能。实用性体现在以下几个方面：第一，实际问题导向，教材需要从实际问题出发，针对当前行业和社会的实际问题，提供解决问题的方法和思路；第二，案例分析和实践操作，教材需要加强案例分析和实践操作，使学生能够将理论知识应用到实际情境中，提高实际应用能力；第三，经验总结和技巧讲解，教材需要总结相关行业的经验和技巧，并对学生进行详细的讲解和指导，使学生能够更好地掌握职业技能。

3. 指导性

教材的指导性是指教材应该具有一定的指导性和引导性，能为学生提供职业发展和学习方向的指导。指导性体现在以下几个方面：第一，职业规划和发展，教材需要对相关职业的规划和发展进行详细的介绍和分析，为学生提供明确的职业发展方向；第二，学习方法和技巧，教材需要为学生提供科学的学习方法和技巧，使学生能够更好地掌握职业知识和技能；第三，创新思维和实践能力，教材需要培养学生的创新思维和实践能力，为学生未来的职业发展提供有力的支持。

（三）教法

教法是指教师在教学过程中所采用的教学方法和教学手段。教法的优化和改进是高职三教改革的重要组成部分之一。教法的优化和改进可以提高教学效果，促进学生的主动学习和创新能力的培养。

1. 授课方式改革

高职三教改革的一个重要任务是改进教学方式，提高授课质量，使学生更好地理解和掌握所学知识。为此，需要采取以下措施：第一，启发式教学法，启发式教学法是一种基于学生自主学习的教学方法，它注重激发学生的思考和创新能力，以问题为导向，引导学生主动学习和探究；第二，合作式学习法，合作式学习法是一种基于合作学习的教学方法，它通过组织学生小组合作完成任务，使学生在互动中相互学习和交流，增强学习效果和学习兴趣；第三，案例教学法，案例教学法是一种基于实际案例的教学方法，它通过案例的分析和讨论，帮助学生理解和掌握所学知识，提高学生的分析和解决问题的能力。

2. 实践教学改革

高职三教改革的另一个重要任务是加强实践教学，提高学生的职业素养和实践能力。为此，需要采取以下措施：第一，实践教学环节的增加，在课程设置中增加实践环节，通过实践教学帮助学生掌握所学知识和技能；第二，实践教学方法的改进，采用更多的实践教学方法，如工程实践、职业实训等，增强学生的实践能力和创新能力；第三，实践教学基地的建设，加强实践教学基地的建设，为学生提供更好的实践教学条件，增强实践教学的实效性。

二、高职院校"三教"改革的基本特征

（一）规范性

教学是一项具有严格规范性的活动。"职教20条"指出，制度标准不够健全等问题，到了必须下大力气抓好的时候。到2022年，要建成覆盖大部分行业领域、具有国际先进水平的中国职业教育标准体系。没有标准就没有质量，"三教"改革与教学标准体系的形成是同步的，即要遵循"边改边建，边建边用，边用边改"的原则，以保持教学规范性与创新性之间的张力与平衡。

高职三教改革与教学标准体系的形成是同步进行的。在推进"三教"改革的过程中，要遵循"边改边建，边建边用，边用边改"的原则。这就意味着，在推进改革的同时，也要不断完善标准体系，以保持教学规范性与创新性之间的张力与平衡。在这个过程中，需要注意以下几点：一是聚焦质量，标准体系的建设应该围绕教育教学质量提高这一核心目标展开，将教育教学质量作为评价标准体系的核心内容，提高教育教学质量水平；二是注重实效，建设标准体系要注重实效性，以解决实际问题为目标，突出问题导向，使标准具有实际操作性，更好地服务于实际教学活动；三是依托科研，建设标准体系需要依托科学研究，通过对教育教学规律的研究，将实践与理论相结合，提高标准的科学性和专业性；四是加强监管，标准体系的建设还需要加强对教育教学活动的监管，建立健全标准的认证、评估和监督体系，对职业教育教学进行全过程监督，确保教学活动的规范性和有效性。

通过建立健全的职业教育标准体系，可以进一步规范高职教育的教学活动，提高教学质量和效益，适应经济社会的需求，提高毕业生的就业竞争力和创新能力。同时，建设标准体系也需要广泛的参与和支持，需要各方面的共同努力，包括政府、学校、行业协会、用人单位等，形成多方合力，共同推进高职教育的改革与发展。

高职三教改革与教学标准体系的建设是相辅相成的，两者在推进过程中需要相互支持、相互促进，形成有机的整体。通过推进"三教"改革和建设标准体系，可以不断提高高职教育的教学质量和教学水平，更好地服务于国家经济社会的发展和人才培养需求。

（二）综合性

教育包含三大要素即主体、客体与内容，这与教师、教材、教法是一一对应的，正是这三者构成了连接教育者与受教育者的桥梁，是"三教"改革的手段、载体、方法。"三教"改革融教师、教材、教法改革为一体，是一项综合改革。

高职三教改革正是从这个角度出发，将教师、教材、教法三个方面进行综合改革，以提高高职教育质量和水平。具体来说，高职三教改革融合了教师、教材和教法改革的内容，通过深化教育教学改革，推进职业教育和产业融合发展，实现了高职教育的转型升级和优化发展。

首先，高职三教改革注重教师的培养和发展。在高职三教改革的框架下，教师作为教育过程中最为重要的主体，需要不断提高自身素养和教育教学能力，以更好地服务于学生

的学习和成长。高职三教改革强调要优化教师培养机制、完善教师评价机制、提高教师职业素养和专业能力等，从而推动教师队伍的全面发展。

其次，高职三教改革重视教材的改革和创新。教材作为教育过程中最为重要的客体，是学生获取知识、技能和价值观等教育内容的重要来源。高职三教改革注重教材的时效性、实用性和指导性，通过优化教材内容和结构、更新教材体系和标准、推广优秀教材等措施，提高教材质量和教材的应用效果。

最后，高职三教改革重视教法的创新和实践。教法是教育过程中最为重要的内容，直接关系到教学质量和学生学习效果。高职三教改革注重教法的多样性和灵活性，通过探索创新型教学模式、推广信息化教学手段、加强实践教学等措施，推动教育教学过程的创新和优化，提高学生的实践能力和综合素质，促进高职教育的发展和创新。

创新教学模式是高职三教改革的一项重要内容。高职教育要注重教学模式的多样性和个性化，采用适合不同类型学生的教学模式，如项目式教学、实践教学、案例教学等，使学生在教学过程中不断探索、实践和创新，培养学生的实践能力和创新意识。

推广信息化教学手段是高职三教改革的又一项重要内容。信息技术的发展为教育教学带来了新的机遇和挑战，高职三教改革推广信息化教学手段，旨在提高教学效率和教学质量，拓展教育教学的边界。通过利用多媒体教学、网络教学、移动学习等新技术手段，打破时空限制，使学生随时随地都能学习和获取知识。

加强实践教学是高职三教改革的另一项重要内容。实践教学是高职教育的一大特点，也是高职三教改革的重要方向之一。高职教育要注重实践教学的多样性和实效性，注重将理论知识与实践操作相结合，通过实践教学，使学生掌握实用技能和职业素养，为学生的就业和创业奠定坚实基础。

高职三教改革在教法方面的创新和实践，为高职教育的发展提供了新的思路和实践基础。通过多样化和个性化的教学模式，利用信息技术手段，加强实践教学等措施，推动教育教学过程的创新和优化，提高学生的实践能力和综合素质，促进高职教育的发展和创新。

（三）联动性

"三教"改革是一个循序渐进的过程，其中的关键是必须尊重主体的意愿，推动教育者与受教育者的参与，使教师与教材相适应，教师与教法相契合，教材与教法相匹配。

1. 教师与教材的协调配合

教师是教育教学过程中的主体，是实现教学目标的关键因素。在高职三教改革中，教师的角色被重新定义，要求教师不仅要掌握扎实的学科知识和教学技能，更要具备职业素养和实践经验。教师的专业水平和教学能力直接关系到教学质量的高低。而教材则是教育教学过程中的客体，是实现教学目标的基础和保障。高质量的教材可以帮助教师实现有效的教学，促进学生的学习和发展。因此，在高职三教改革中，教师与教材的协调配合尤为重要。

首先，教师应该根据自己的教学目标和教学特点，选择和使用符合课程要求、教学目标的教材。教材应该与课程设置和教学要求相匹配，符合学生的认知水平和实际需求，能够帮助学生全面了解课程内容，并培养学生的职业素养和实践能力。

其次，教师应该在教学过程中，对教材进行适当的调整和改进。教材的内容应该根据学生的实际需求和学习状况进行针对性的调整和优化，以满足学生的学习需求。同时，教师还应加强对教材的解读和讲解，提高学生对教材的理解和掌握程度。

最后，教师应该利用教材进行教学设计和教学实施。教师需要根据教材的内容和学生的实际情况进行教学设计，制订合理的教学计划和教学方法，让学生在教材的指导下进行学习。同时，教师还可以将教材与其他教学资源相结合，例如多媒体课件、实验器材等，以提高教学效果和教学质量。

2.教师与教法的协调配合

教师与教法的协调配合同样是高职三教改革的重要内容。教法是指教学的方法、手段和方式，直接影响教学效果和学生学习质量。教师需要根据自己的教学目标和学生的实际需求，选择合适的教学方法和手段，实现教学目标和学生发展的最佳效果。

首先，教师需要根据学生的实际情况和学习特点，选择适当的教学方法。教学方法应该具有多样性和灵活性，例如讲授法、讨论法、案例分析法、实践教学法等，以满足不同学生的学习需求和教学目标。同时，教师还可以探索和运用新的教学方法和技术，如信息化教学、在线教育等，以提高教学效果和教学质量。

其次，教师应该注重教学过程的设计和组织。教师需要对教学内容和教学目标进行详细的分析和研究，制订合理的教学计划和教学流程，以确保教学过程的顺利和有效。教师还需要根据学生的实际情况和学习进程进行调整和优化，以提高教学效果和学生学习质量。

最后，教师应该注重教学评价和反馈。教学评价是对教学过程和学生学习成果进行评估和反馈的过程。教师需要制定合理的评价标准和评价方式，对教学效果和学生学习成果进行全面、客观的评价，以指导教学过程和提高教学质量。

3.教材与教法的协调配合

教材与教法的协调配合也是高职三教改革中不可忽视的重要内容。教材是教学过程中的客体，教法是教学过程中的方式，二者需要相互配合和支持，以实现教学目标和学生发展的需求。

首先，教材和教法应该相互匹配和协调。教材的编写应该结合教学实践和学生需求，尽量贴近实际职业工作和行业发展趋势，提高学生的职业素养和实践能力。而教法则应该针对不同的课程和学生特点，选择合适的教学方法和手段，以实现教学目标和提高学生的学习效果。

其次，教师应该在教学过程中，将教材和教法结合起来，进行教学设计和教学实施。教师需要根据教材的内容和学生的实际需求，选择适合的教学方法和手段，以促进学生的学习和发展。同时，教师也可以根据教学实践的经验和反馈，对教材和教法进行适当的调整和改进，以提高教学效果和学生的满意度。

最后，教材和教法的协调配合也需要借助现代化教育技术和信息化手段的支持。教育技术和信息化手段可以为教师提供更多的教学资源和工具，同时也可以为学生提供更加丰富和多样化的学习体验和学习方式。如在线教学平台、虚拟实验室、远程教学等，都可以为教材和教法的协调配合提供有效的支持和保障。

教材和教法的协调配合是高职三教改革中不可或缺的重要内容。只有教材、教法、教师三者相互协调和配合，才能实现教学目标，提高学生的学习效果。

第三节　高职三教改革的实践经验

高职三教改革是一项长期的改革探索，通过对职业教育教学的全面改革，推进了教学质量的提升、职业教育与产业需求的匹配、教学手段和教育模式的创新、师资队伍建设的加强，以及在高职教育得到社会认可等方面取得了显著成果。

一、教师方面的实践经验

教师是实现教学目标的关键因素，教师的教学质量和教学能力直接影响到学生的学习效果和职业素养的培养。在高职三教改革中，教师方面的实践经验主要包括以下几点。

（一）提高教师的职业素养

教师的职业素养是指教师对自身职业角色的认知、职业精神和职业道德水平等。在高职三教改革中，针对教师的职业素养提升，可以通过教师培训、考核评估等方式来实现。例如，某高职院校就开展了"名师工作室"项目，邀请具有教学经验丰富、教学成绩突出的老师，向其他教师传授经验，提高教师的职业素养和教学水平。以下是一些具体的实践经验。

教师培训：高职院校可以开展各种形式的教师培训，包括课堂教学技能培训、职业素养培训等。这样可以提高教师的教学能力和职业水平，提高教学效果。

考核评估：高职院校可以采取一定的考核评估机制，以此激发教师的积极性和责任心。例如制定考核评估指标、开展教学督导等，都可以促进教师职业素养的提高。

职业发展机制：高职院校应该建立健全的教师职业发展机制，提供更多的晋升机会和职业发展空间，这样可以激发教师的工作热情和积极性，提高教师的职业素养和教学水平。

经验交流：高职院校可以通过开展经验交流活动，提高教师之间的交流和合作。例如开展名师讲堂、教学研讨会等，可以让教师互相借鉴和学习，提高教师的职业素养和教学水平。

奖励机制：高职院校应该建立一定的教师奖励机制，以激励教师积极投入教学工作中。

例如制定教学奖励制度、开展优秀教师评选等，都可以提高教师的工作热情和教学水平。

提高教师的职业素养是高职三教改革中的重要内容之一。高职院校应该采取多种措施来促进教师职业素养的提高，以提高教学效果和学生的职业素养。

（二）引入多元化的教学手段

教学手段是指教师在教学过程中所使用的各种手段和方法。在高职三教改革中，针对教学手段的创新可以通过引入多元化的教学手段来实现。例如，采用 PBL 教学法、问题导向教学法、案例教学法等，不仅能够提高教学效果，还能够激发学生的学习兴趣和创新能力。

1. PBL 教学法

PBL 教学法是一种基于问题的学习方法，它以问题为导向，通过学生自主学习、合作学习和问题解决等环节，帮助学生更好地掌握知识和技能。在高职三教改革中，采用 PBL 教学法可以带来以下实践经验。

（1）激发学生的学习兴趣和创新能力

PBL 教学法强调学生的主动性和自主性，鼓励学生进行创新思维和独立思考，从而更好地激发学生的学习兴趣和创新能力。

（2）提高学生的综合素养和实践能力

PBL 教学法注重学生的综合素养和实践能力培养，通过实际问题解决，让学生将理论知识应用到实际中去，提高学生的实践能力和职业素养。

（3）促进教师和学生之间的互动和合作

PBL 教学法注重教师和学生之间的互动和合作，通过讨论、分享、合作等方式，促进师生之间的互动和合作，增强教学效果。

2. 问题导向教学法

问题导向教学法是一种以问题为中心的教学方法，它强调问题解决和实践应用，可以帮助学生更好地掌握知识和技能。在高职三教改革中，采用问题导向教学法可以带来以下实践经验。

（1）提高学生的问题解决能力

问题导向教学法注重学生的问题解决能力培养，通过实际问题的解决，让学生更好地掌握知识和技能。

（2）增强学生的实践能力和职业素养

问题导向教学法注重实际应用和实践能力培养，可以帮助学生更好地掌握职业技能和职业素养。

（3）促进教师的角色转变

问题导向教学法要求教师扮演引导者的角色，引导学生自主探究问题并解决问题，教师需要提供适当的指导和支持，使学生在自主探究中发挥主动性和创造性。

（4）激发学生的学习兴趣和创新能力

问题导向教学法注重学生的主体性和创新能力，可以激发学生的学习兴趣和主动性，让学生更加积极地参与到教学活动中来。

（5）提高教学效果和质量

问题导向教学法强调教学过程中的实践应用和问题解决，可以提高学生的学习效果和实际应用能力，同时也可以提高教学的质量和效果。

为了有效地实施问题导向教学法，高职院校可以采取以下措施：第一，科学制订教学计划和教学方案，在制订教学计划和教学方案时，应该根据教学内容和教学目标，明确问题导向教学法的具体实施方式和方法；第二，鼓励教师开展课程设计和教学研究，教师需要根据学生的实际需求和学习特点，设计和开展相关的问题导向教学活动和实践项目，不断完善教学过程和方法；第三，加强教师培训和专业技能提升，高职院校需要通过各种途径，加强教师的培训和专业技能提升，让教师了解问题导向教学法的实践意义和应用方法，提高教师的教学水平和能力；第四，创造良好的教学环境和条件，高职院校需要为教师提供良好的教学环境和条件，包括教学设备、实验室和实践场所等，为教师的教学活动提供充足的支持和保障。

问题导向教学法在高职三教改革中具有重要的实践意义和应用价值，它可以帮助学生更好地掌握知识和技能，提高学生的实践能力和职业素养，同时也可以促进教师角色转变，激发学生的学习兴趣和创新能力，提高教学效果和质量。

（三）注重教学实践

教学实践是指教师在教学过程中，将理论知识与实际操作相结合，使学生能够好地掌握职业技能和实践能力。在高职三教改革中，教学实践被视为一项重要的教育教学手段和内容。针对这一点，高职院校可以加强校企合作，开展校内外实习实训、毕业实践等，为学生提供更多的实践机会和平台。同时，教师也应该注重教学实践，根据课程要求和学生的实际需求，设计和实施相关的实践教学方案，提高学生的职业技能和实践能力。

1. 强化教师实践能力的培养

注重教学实践，首先要求教师具有一定的实践能力。教师实践能力的培养可以通过多种途径来实现。例如，高职院校可以组织教师参加校内外的实习实训、毕业实践等，让教师亲身体验职业实践，掌握职业技能，提高实践能力。同时，高职院校也可以通过教师培训、专业研修等方式，提高教师的职业素养和实践能力，让教师更好地应对教学实践的挑战。

2. 开展校企合作，提供实践机会和平台

在高职三教改革中，校企合作是非常重要的一点。校企合作可以为学生提供更多的实践机会和平台，让学生能够更好地掌握职业技能和实践能力。同时，校企合作也可以为教师提供更多的教学实践机会，让教师亲身参与职业实践，更好地应用理论知识，提高教学质量。因此，高职院校应该加强校企合作，与企业合作开展实习实训、毕业实践等，为学生提供更多实践机会和平台。

3.设计和实施相关的实践教学方案

注重教学实践，还需要教师根据课程要求和学生的实际需求，设计和实施相关的实践教学方案。教师可以根据学生的实际情况，选择适合的实践教学方案，例如实验教学、工程实践、案例分析等。以下是一些具体的实践教学方案设计和实施的经验。

（1）实验教学

实验教学是一种常见的实践教学方式，通过实验操作和实验报告撰写，让学生深入了解理论知识并掌握实验技能。教师可以根据教学计划和课程要求，设计有针对性的实验教学方案，确保实验教学的质量和效果。在实验教学过程中，教师应该注重指导和帮助学生解决实验中遇到的问题，及时反馈和评价学生的实验报告，帮助学生不断提高实验能力和科研素养。

（2）工程实践

工程实践是一种将理论知识应用到实际工程项目中的教学方式，能够帮助学生更好地掌握职业技能和实践能力。教师可以与企业或机构合作，引入工程实践项目，让学生参与实际工程项目，完成相关任务和项目报告。在工程实践过程中，教师应该指导和帮助学生解决实际问题，培养学生解决实际问题的能力和实践技能。

（3）案例分析

案例分析是一种以具体案例为基础的实践教学方式，能帮助学生更好地理解和掌握理论知识，并提高学生的分析和解决问题的能力。教师可以选择与课程相关的实际案例，让学生进行分析和研究，并撰写相关的案例分析报告。在案例分析过程中，教师应该引导学生深入分析和思考，帮助学生掌握问题解决的方法和技能。

设计和实施相关的实践教学方案是注重教学实践的重要内容之一。教师应该根据课程要求和学生的实际需求，选择适合的实践教学方式，并注重指导和帮助学生解决实际问题，提高学生的职业技能和实践能力。

二、教材方面的实践经验

教材是教学过程中的基础和保障，高质量的教材可以帮助教师实现有效的教学，促进学生的学习和发展。在高职三教改革中，教材方面的实践经验主要包括以下几点。

（一）编写教材

编写教材是教材方面的一项重要实践，高职院校可以借鉴国内外先进的编写经验和教材体系，结合职业教育的实际情况，编写符合学生学习需求和职业发展要求的教材。例如，某高职院校根据市场需求和学生就业情况，编写了一系列职业技能课程教材，其中融入了多种先进的教学理念和方法，得到了学生和企业的认可。

1.编写教材的意义

（1）适应职业教育的要求

职业教育是为了培养适应社会需要的技能人才而设立的，因此编写符合学生学习需求和职业发展要求的教材对于职业教育目标的实现具有重要意义。

（2）推动教学改革

编写教材可以借鉴国内外先进的编写经验和教材体系，结合职业教育的实际情况，引入先进的教学理念和方法，推动教学改革，提高教学质量。

（3）提高学生的综合素质

编写教材可以根据学生的实际情况和职业需求，注重培养学生的职业素质和实践能力，帮助学生更好地适应职业发展的需要。

2. 编写教材的要求

（1）适应市场需求和学生就业情况

编写教材需要充分考虑市场需求和学生就业情况，选择适合的教材内容和教学方法，使学生能够掌握实用的职业技能。

（2）体现先进的教学理念和方法

编写教材需要借鉴国内外先进的教学理念和方法，注重问题导向、实践教学等先进教学模式的运用，提高教学质量。

（3）突出实践能力的培养

编写教材需要注重实践教学，突出学生的实践能力培养，使学生具备适应市场需求的职业素质和实践能力。

3. 编写教材的实践经验

结合实际需求编写教材。高职院校可以根据学生实际需求和市场需求，结合教学实践，编写符合学生学习需求和职业发展要求的教材，使学生能够更好地掌握职业技能。

（1）借鉴国内外先进的教材体系和教学理念

高职院校可以借鉴国内外先进的教材体系和教学理念，从而更好地满足学生和社会的需求。例如，可以引进国外先进的教材体系，如德国的"双元制"教育模式，将职业技能和理论知识相结合，或者引入日本的"工匠精神"教育模式，注重实践和创新能力的培养。同时，还可以引入国内优秀的教材体系和教学理念，如清华大学的"双创人才培养模式"，旨在培养学生的创新能力和实践能力。

（2）注重教材的更新与完善

随着社会和职业的发展，教材也需要不断更新与完善。高职院校可以组织专家和教师，对教材进行评估和修订，以适应不断变化的市场需求和学生的学习需求。同时，还可以通过实践教学的反馈和评估，对教材进行不断的调整和改进，来提高教学质量和效果。

（3）注重教材的多样性和适应性

高职院校的学生具有不同的学习背景和职业需求，教材也需要具有多样性和适应性，以满足不同学生的学习需求。例如，可以编写不同难度和职业方向的教材，以便学生能够根据自己的实际情况选择适合自己的教材。同时，还可以编写具有多媒体、互动性和个性化特点的教材，以提高教学效果和学生的学习兴趣。

编写教材是高职教育教学改革中的重要内容之一。高职院校可以结合实际需求，借鉴国内外先进的教材体系和教学理念，注重教材的更新与完善，以及教材的多样性和适应性，不断提高教学质量和效果，为学生的职业发展打好坚实基础。

（二）开发多媒体教材

随着信息技术的不断发展，多媒体教材成为教材创新的一个重要方向。多媒体教材以图文并茂、形式多样、内容丰富为特点，能够激发学生的学习兴趣和主动性。在高职三教改革中，一些高职院校开始开发和应用多媒体教材，取得了良好的教学效果。在高职教育中，开发和应用多媒体教材可以带来以下实践经验。

提高学生的学习兴趣和主动性。多媒体教材采用了图文并茂、形式多样、内容丰富等多种形式，使得学生在学习过程中感受到更多的互动性和趣味性。学生更容易被吸引，从而提高学习的主动性和积极性。

促进教学质量的提高。多媒体教材能够直观地展示相关内容，帮助学生更好地理解和掌握知识。同时，多媒体教材具有较高的灵活性和可交互性，教师可以根据实际情况进行调整和优化，使得教学更加贴近学生的实际需求，进而提高教学质量。

提高教师的教学能力和创新能力。开发和应用多媒体教材需要教师具备一定的技术能力和创新思维，教师需要不断学习和探索，以应对信息技术不断更新换代的变化。同时，多媒体教材的开发和应用也可以帮助教师更好地掌握现代化教学手段和方法，提高教学能力和创新能力。

满足多元化的学生需求。随着社会的发展和学生需求的多元化，传统的教学方法已经无法满足学生的需求。多媒体教材具有形式多样、内容丰富、互动性强等特点，可以更好地满足学生的多元化需求，提高教学效果。

在开发和应用多媒体教材时，需要注意以下几点：第一，多媒体教材需要贴近学生的实际需求和职业发展方向，注重教学实践和应用能力的培养；第二，多媒体教材的设计需要符合教学目标和课程要求，同时也需要符合学生的学习习惯和认知规律；第三，多媒体教材需要具备良好的交互性和灵活性，使学生能够主动参与学习、自主选择学习内容，以及灵活调整学习进度；第四，多媒体教材的制作需要注意美学和视觉效果，保证教材内容的易读性和可视性，同时也需要符合美学和视觉艺术的要求，让学生能够在审美方面得到一定的提升；第五，多媒体教材制作需要使用合适的技术工具和软件，例如 Adobe Flash、Adobe Photoshop、PowerPoint 等，这些工具和软件可以帮助教师更好地设计和制作多媒体教材，提高教学效果和质量。

开发和应用多媒体教材是高职三教改革中的一项重要实践，它能够激发学生的学习兴趣和主动性，提高教学效果和质量。教师需要注重教学实践，根据学生实际需求和课程要求，结合多媒体技术和教学方法，设计和制作符合教学目标和要求的多媒体教材。

（三）优化现有教材

除了编写和开发教材，优化现有的教材也是教材方面的一项重要实践。例如，在教材内容、教学方法、案例分析等方面进行优化和改进，能使教材更符合学生的实际需求和职业发展要求。

1. 教材内容优化

教材内容是教学的核心，优化教材内容可以帮助学生更好地掌握知识和技能。例如，可以增加实际案例、行业动态、新技术等内容，以更好地贴近职业需求和市场需求。

2. 教学方法优化

教学方法是指教师在教学过程中所使用的各种手段和方法。优化教学方法可以使教学更具互动性和趣味性，激发学生的学习兴趣和主动性。例如，采用PBL教学法、案例教学法、问题导向教学法等，让学生更加积极地参与学习。

3. 案例分析优化

案例分析是职业教育的重要教学手段，通过实际案例的分析，可以使学生更好地掌握知识和技能。优化案例分析可以使教学更具实用性和针对性，更符合学生的实际需求和职业发展要求。例如，引入行业实际案例、增加案例分析的深度和广度等，让学生更好地掌握职业技能。

4. 教材形式优化

教材形式是指教材的形态和样式。优化教材形式可以使教材更具美观性和易读性，让学生更愿意阅读和学习。例如，增加插图、图表、彩色图片等，让教材更具视觉效果，增强学习的吸引力。

5. 评估反馈优化

评估反馈是指对教材和教学效果进行评估和反馈。优化评估反馈可以帮助教师更好地了解学生的学习情况，及时调整教学策略和方法。例如，开展学生满意度调查、教学效果评估等，从学生和教师两方面对教材和教学进行评估和反馈，不断改进教学质量。

优化现有教材是教材方面的一项重要实践，通过优化教材内容、教学方法、案例分析、教材形式和评估反馈等方面，可以使教材更符合学生的实际需求和职业发展要求，提高教学效果和学生学习成效。在进行教材优化时，需要注重教材内容的实用性和前沿性，以符合职业教育的需求和特点；同时需要关注教学方法和案例分析的有效性和适用性，以激发学生的学习兴趣和创新能力。除此之外，还需要考虑教材形式的多样化和评估反馈的科学性和及时性，以提高学生的学习体验和满意度。

三、教法方面的实践经验

教法是教学过程中的手段和方式，也是实现教学目标的重要保证。在高职三教改革中，教法方面的实践经验主要包括以下几点。

（一）推广信息化教学手段

信息技术的发展为教育教学带来了新的机遇和挑战，利用信息技术的教学手段可以提高教学效率和教学质量。在高职三教改革中，通过推广信息化教学手段，可以提高教学的交互性和互动性，增强学生的学习兴趣和动力。例如，教师可以利用在线教学平台、多媒体教室、网络直播等方式，提供更加丰富多彩的教学内容，满足学生的学习需求。随着信息技术的不断发展和普及，教育教学也正在逐步地向信息化和数字化方向发展。高职三教改革中，推广信息化教学手段已成为重要的教学改革方向之一，其主要目的是通过信息技术手段提高教学效率和质量，促进学生综合素质的全面发展。

以下是推广信息化教学手段的实践经验。第一，建设在线教学平台。在高职三教改革中，建设在线教学平台是推广信息化教学手段的一个重要举措。通过在线教学平台，教师可以随时随地发布教学内容，学生可以随时随地进行学习和交流。教学平台可以提供多种教学资源，如课程视频、课件、论文资料等，帮助学生深入了解和掌握知识和技能。第二，利用多媒体教室和网络直播。多媒体教室和网络直播也是推广信息化教学手段的重要途径之一。多媒体教室可以提供更丰富多样的教学资源，如视频、音频、图片、动画等，增加教学内容的生动性和互动性。网络直播可以让学生在家里或办公室观看教学内容，提高学生的灵活性和自主性。第三，开展在线互动教学。推广信息化教学手段还可以通过在线互动教学实现。在线互动教学可以让学生在课堂外进行学习，通过网络与教师或其他学生进行交流和互动，增强学生的学习兴趣和动力。第四，利用电子教案和教学软件。推广信息化教学手段还可以通过利用电子教案和教学软件来提高教学效果。电子教案可以提供丰富多样的教学资源，如课件、案例分析、教学视频等，帮助学生深入了解和掌握知识与技能。教学软件可以帮助学生模拟实际操作和应用，提高学生的实践能力和职业素养。

推广信息化教学手段不仅可以提高教学效率和质量，还可以增强学生的学习兴趣和动力。然而，在推广信息化教学手段的同时，需要注意以下几点。第一，教师需要具备信息技术素养。推广信息化教学手段需要教师具备一定的信息技术素养，能够熟练使用各种信息技术工具和软件进行教学设计和教学实施。高职院校可以通过教师培训、信息技术考核等方式，提高教师的信息技术素养。第二，教师需要根据教学目标和学生需求选择合适的教学手段。信息化教学手段众多，教师需要根据教学目标和学生需求选择合适的教学手段，不能盲目追求新技术而忽略教学效果。第三，保障网络稳定和教学资源充足。推广信息化教学手段需要保障网络稳定和教学资源充足，这需要高职院校建设先进的网络教学平台和教学资源库，提供充足的教学资源和技术支持。第四，注重教学质量评估和反馈。在推广信息化教学手段的同时，需要注重教学质量评估和反馈，了解学生对教学效果的反馈和评价，及时对教学内容和教学方法进行调整和改进，提高教学效果和质量。

推广信息化教学手段是教法方面的一项重要实践，能够提高教学效率和质量，增强学生的学习兴趣和动力，但需要教师具备信息技术素养，选择合适的教学手段，保障网络稳定和教学资源充足，注重教学质量评估和反馈。

（二）探索创新型教学模式

在高职三教改革中，教师需要探索新的教学模式，以满足学生的学习需求。例如，可以采用"双师课堂"模式，即教师与企业专家合作开展教学活动，帮助学生更好地掌握职业技能和实践能力；可以采用"导师制"模式，即教师为学生提供个性化的教育教学指导和支持，帮助学生更好地实现自我发展。

1."双师课堂"模式

"双师课堂"模式是一种教师与企业专家合作开展教学活动的教学模式，它能够有效地提高学生的职业技能和实践能力，使学生更好地适应职业发展的需要。在这种教学模式下，教师和企业专家可以共同授课、共同评估、共同制订教学计划和教学内容，以保证教学质量和教学效果。

具体来说，这种教学模式可以采用以下措施来实现。第一，与企业建立紧密联系，教师可以与企业专家建立联系，了解企业对学生的需求和职业技能要求，从而有针对性地开展教学活动；第二，组织企业实践活动，教师可以组织学生到企业进行实践活动，让学生亲身体验企业工作环境和职业工作流程，从而更好地掌握职业技能和实践能力；第三，进行课堂互动，教师和企业专家可以在课堂上共同授课，并进行互动讨论，让学生深入了解企业运作机制和职业技能的应用场景，从而更好地理解和掌握职业技能；第四，评估教学效果，教师和企业专家可以共同制定教学评估标准和方法，对学生的学习成果进行评估，从而及时发现和解决学生存在的问题，提高教学效果。

2."导师制"模式

"导师制"模式是一种教师为学生提供个性化的教育教学指导和支持的教学模式，它能够更好地满足学生的学习需求和个性化发展要求。在这种教学模式下，教师充当学生的导师，为学生提供学习指导、职业规划和心理支持等方面的帮助，使学生能够更好地实现自我发展。

具体来说，这种教学模式可以采用以下措施来实现。第一，建立产学研合作的机制，高职院校可以与企业、研究机构等建立合作关系，开展教学活动，共同培养职业人才；第二，开展"双师课堂"模式，高职院校可以邀请企业专家和从业人员参与教学，帮助学生更好地掌握职业技能和实践能力；第三，实施"导师制"模式，高职院校可以为学生配备专业导师，提供个性化的教育教学指导和支持，帮助学生更好地实现自我发展；第四，开展创新创业教育，高职院校可以开设创新创业课程，鼓励学生在课程中进行创新实践和创业尝试，培养学生的创新精神和创业能力；第五，加强教师培训，高职院校可以加强教师培训，提高教师的创新意识和教学水平，推动教师探索和实践新的教学模式。

通过这些措施，高职院校可以探索和实践新的教学模式，提高教学质量和教学效果，为学生的职业发展打下坚实的基础。

（三）加强实践教学

实践教学是高职教育的重要特点和优势之一，也是高职三教改革的重要内容。通过加强实践教学，可以帮助学生更好地掌握职业技能和实践能力，增强学生的就业竞争力。例如，可以采用企业实践教学、校外实践教学、实习等方式，让学生在实践中掌握职业技能和实践能力。

1. 实践教学的重要性

实践教学是高职教育的重要特点和优势之一，它与理论教学相辅相成，共同构成了高职教育的双轮驱动。在高职三教改革中，加强实践教学是非常重要的一环。高职教育的目标是培养具有职业技能和实践能力的学生。一方面，实践教学能够帮助学生更好地掌握职业技能，增强就业竞争力；另一方面，实践教学也可以提高学生的综合素质，培养学生的创新能力和实践能力，为其未来的职业发展奠定良好的基础。

2. 实践教学的形式

实践教学的形式多种多样，高职院校可以根据专业特点和学生实际需求，采用不同的实践教学方式。以下是一些常见的实践教学形式。第一，企业实践教学，高职院校可以与企业合作，将实践教学环节融入企业实际工作中，让学生在真实的职业环境中学习和实践；第二，校外实践教学，学生可以到校外的实践基地或者实习单位进行实践教学，从而更好地掌握职业技能和实践能力；第三，实验教学，实验教学是一种常见的实践教学形式，通过实验让学生掌握理论知识，并将其运用到实践中；第四，模拟教学，模拟教学是一种模拟真实场景的教学方法，通过模拟真实情境，让学生在其中进行实践。

3. 实践教学的经验

注重实践环节的设计和实施。在进行实践教学时，需要注重实践环节的设计和实施。教师可以根据课程目标和学生实际需求，设计符合实际情况的实践教学方案，让学生能够更好地掌握职业技能和实践能力。

加强校企合作，拓宽实践教学渠道。高职院校可以加强校企合作，拓宽实践教学渠道。与企业合作，可以让学生更好地了解职业发展需求，增强对职业技能的掌握和实践能力。

实践教学要贯穿整个教学过程。实践教学不能只是课程中的一个环节，而是应该贯穿整个教学过程。教师应该在课堂教学中融入实践案例和实际问题，让学生在实践中学习和掌握知识和技能。

充分发挥学生的主体作用。实践教学是一种探究式的学习过程，教师应该充分发挥学生的主体作用，让学生在实践中自主探究、思考和创新，提高其实践能力和创新能力。

加强实践教学的评价和反馈。实践教学的评价和反馈是实践教学的重要环节，教师应该及时对学生的实践表现进行评价和反馈，让学生了解自身的实践能力和不足之处，提高其实践能力和综合素质。

注重实践教学的安全和风险控制。在实践教学中，需要注重实践教学的安全和风险控制。教师应该制定相关的安全措施和风险控制方案，保证学生在实践过程中的安全并且顺利完成实践任务。

实践教学是高职教育的重要特点和优势之一，通过加强实践教学，可以帮助学生更好地掌握职业技能和实践能力，增强学生的就业竞争力。

第三章　高职三教改革与校企合作的关系

第一节　高职三教改革与校企合作的内在联系

高职三教改革与校企合作密不可分，只有通过与企业建立紧密的合作关系，才能够更好地满足市场需求，提高毕业生的就业竞争力，为学生的职业发展做好充分准备。

一、校企合作的概念

校企合作是指高校与企业之间进行的一种合作形式，是企业与高校在经济、技术、人才等方面的合作关系。它包括多个方面的合作，如合作研发、人才培养、科技转移、产学研合作等。

（一）校企合作的概念和意义

校企合作是一种高校与企业之间的协作关系，它是由于经济发展和产业结构的变化而产生的一种新型合作方式。其核心是将高校的学科专长和人才资源与企业的实践经验和市场需求相结合，通过相互支持和合作，为社会经济发展和人才培养提供支撑。

校企合作的意义主要体现在以下几个方面。

1. 促进产业转型升级

校企合作能够使高校和企业相互借力，从而实现互利共赢的目标。高校可以利用自身的学科专长和研发能力为企业提供技术支持，帮助企业推进技术创新和产品升级，从而促进产业转型升级。

2. 提高人才培养质量

校企合作可以为高校提供更加真实的职业环境和实践机会，帮助学生更好地掌握职业技能和实践能力，从而提高人才培养质量。企业也可以通过参与人才培养，获取更适合自身需求的人才，提高员工的专业素质和能力。

3. 推动科技成果转化

校企合作可以为高校和企业之间的科技成果转化提供平台和机会。通过双方的合作，将高校的科技成果转化为实际的产品和服务，推动科技创新和经济发展。

4. 提高产学研能力

校企合作能够促进产学研的深入发展，提高双方的产学研能力。高校可以通过与企业的合作，深入了解企业的实际需求和市场趋势，从而更好地调整科研方向和研究成果。企业也可以借助高校的研发能力和研究资源，提高自身的技术水平和竞争力。

（二）校企合作的模式和方式

校企合作有多种模式和方式，根据双方的需求和合作内容的不同，可以选择不同的合作方式，下面列举一些常见的校企合作模式和方式。

1. 实习实训

实习实训是校企合作中最常见的一种方式。企业可以提供实习机会和实训课程，让学生在实际工作中获得实践经验和技能，同时也可以帮助企业培养和选拔人才。

2. 课程合作

课程合作是指高校和企业共同合作，开发新的课程或改进现有课程。企业可以提供实际案例和数据，高校则可以提供教学资源和教学指导，共同研发课程，使其更符合市场需求和行业标准。

3. 产学研合作

产学研合作是指高校、企业和科研机构之间的合作。通过共同研究、开发和推广新的技术和产品，加强企业和高校之间的联系和互动，实现产学研一体化，推动科技创新和产业发展。

4. 人才培养计划

企业可以与高校合作，共同制订人才培养计划，按照企业的需求和标准培养专业人才。这种方式可以帮助企业更好地招聘和选拔人才，同时也可以提高高校的就业质量和学生的就业竞争力。

5. 创业孵化

创业孵化是指企业和高校合作，共同培养和支持创业者。企业可以提供创业资金和资源，高校可以提供创业教育和指导，共同促进创业发展，推动产业转型升级。

6. 专家讲座和学术交流

企业可以邀请高校专家和教授来企业举办讲座和进行指导，让企业员工了解最新的学术研究和行业动态。同时，高校也可以邀请企业专家来校进行学术交流和实践教学，促进双方的合作与交流。

7. 共同研究项目

企业可以与高校共同开展研究项目，共同解决行业难题和技术瓶颈。通过共同研究和开发，实现产业升级和科技创新，提高企业的核心竞争力和市场竞争力。

校企合作的模式和方式是多种多样的，需要根据双方的需求和实际情况来选择最适合的方式。在实施校企合作时，需要注意以下几点：第一，明确合作目的和内容，校企合作的目的和内容应该清晰明确，双方要充分沟通，确定好合作方向和具体任务，确保双方能够顺利合作；第二，建立健全的合作机制，合作机制应该建立在互信、互利、互惠、共赢的基础之上，合作双方要签订合同、协议等文件，规范合作关系；第三，合作方式要多样化，合作方式可以采取技术服务、人才培养、科研合作、信息交流等多种方式，尽可能地利用双方的资源和优势，实现互利共赢；第四，建立长期合作关系，校企合作不应该只是一次性的、短期的合作，而应该建立长期的合作关系，让双方能够共同成长、发展；第五，加强监督和评估，在校企合作过程中，双方要加强监督和评估，及时发现问题和困难，及时采取措施解决问题，确保合作顺利进行。

校企合作是高职教育发展中非常重要的一环，需要在实践中不断探索和创新，实现更加有效的合作模式和方式，为学生的职业发展提供更多的支持和帮助。

二、校企合作的内在价值

校企合作是高职教育的一项重要内容和优势，其内在价值主要体现在以下几个方面。

（一）提高教学质量

通过校企合作，高职院校可以更好地了解产业的需求和趋势，调整和优化教学内容和方法，提高教学质量和水平。

1. 了解产业发展趋势

校企合作可以帮助高职院校更好地了解产业发展趋势和需求，及时调整和优化课程设置和教学方法，保持与行业接轨。同时，学生在校企合作中也可以了解行业情况，提前适应职业发展的要求，增强就业竞争力。

一方面，校企合作可以为高职院校提供先进的技术和设备，提高教学质量。与企业合作，高职院校可以获得更加实践性的教学资源，如实习基地、实训设备等。这些实践性教学资源可以为学生提供更加真实、丰富的职业技能和实践经验，让学生更好地掌握职业技能，增强就业竞争力。

另一方面，校企合作可以帮助高职院校了解产业发展趋势和需求，及时调整和优化课程设置和教学方法，保持与行业接轨。随着技术和社会的发展，各行各业都在不断变化和创新，高职院校需要紧跟时代步伐，及时调整和优化教育教学内容和方法，使其更加符合行业需求和学生发展要求。通过校企合作，高职院校可以更好地了解各行业的发展状况和未来趋势，及时调整课程设置和教学方法，提高教学质量。

此外，校企合作也可以为学生提供更多的实践机会，增强学生的实践能力和职业素养。学生在校企合作中可以参与企业的实际生产和工作，了解企业文化和工作流程，积累实践经验，提高职业素养和实践能力。这种实践教学模式有助于学生更好地将学习到的理论知识与实际应用相结合，提高学生的学习兴趣和动力，培养学生的创新精神和实践能力。

校企合作是提高高职教育质量和水平的重要手段之一。通过校企合作，高职院校可以提供更加实践性的教育教学资源和服务，了解产业发展趋势和需求，调整和优化课程设置和教学方法，为学生的职业发展提供更加有力的支持，同时也为企业的人才储备和技术支持提供了重要途径。校企合作的内在价值不仅体现在提高教学质量上，更体现在促进产学研融合、推动产业发展、增强社会责任感等方面，是高职教育与产业紧密合作的体现，是实现高质量发展的必要手段之一。

2.促进教师与企业专家的交流

校企合作可以促进教师与企业专家的交流，增强教师的实践经验和专业能力，提高教学水平。同时，企业专家也可以为教师提供实践指导和技术支持，帮助教师更好地开展实践教学和科研工作。

（1）促进教师的实践经验和专业能力提升

校企合作可以促进教师的实践经验和专业能力的提升。在校企合作中，教师可以深入企业，了解企业的运作方式和市场需求，从而更好地了解企业的需求和行业发展趋势，掌握新的知识和技能，提高自身的实践经验和专业能力。通过与企业专家的交流，教师可以了解行业前沿技术和企业的最新发展，从而更好地调整和优化课程设置和教学方法，提高教学水平。

（2）企业专家为教师提供实践指导和技术支持

校企合作也可以为教师提供企业专家的实践指导和技术支持。企业专家通常拥有丰富的实践经验和专业知识，可以为教师提供宝贵的指导和支持。企业专家可以针对教师在实践教学中遇到的问题进行指导，帮助教师更好地掌握实践技能和教学方法。同时，企业专家还可以为教师提供最新的技术支持和行业信息，帮助教师更好地了解企业需求和行业发展趋势。

（3）促进教学和科研工作的深度融合

校企合作可以促进教学和科研工作的深度融合。在校企合作中，教师和企业专家可以共同探讨实践教学和科研工作中遇到的问题，开展合作研究和课题研究，推动教学和科研工作的深度融合。

此外，校企合作也可以为学校提供更加丰富的科研资源和实践平台，为教师的科研工作提供更多的支持。在校企合作中，教师可以借助企业的技术支持和实践平台，开展更加深入、系统的科研工作，提高科研水平和成果质量。

校企合作还可以为学生提供更加实践性的科研机会和平台，让他们能够在真实的科研环境中学习和实践，提高科研能力和创新能力。

校企合作可以促进教学和科研工作的深度融合，提高教学和科研水平，为学生的职业发展和社会发展做出更大的贡献。

3.提高教学质量和就业率

通过校企合作，高职院校可以更好地将教学内容与职业需求相结合，提高教学质量和就业率。企业也可以为学生提供就业机会和职业发展指导，增强学生的职业素养和就业竞争力。

（1）提高教学质量

教学内容与职业需求相结合。通过校企合作，高职院校可以更加深入地了解行业发展趋势和企业对人才的需求，及时调整和优化教学内容与教学方法，提高教学质量和水平，为学生的职业发展提供更多的支持。例如，通过与企业合作，可以将企业的技术和实践经验融入教学内容中，帮助学生更好地掌握实用技能。

提供实践性教学资源。通过校企合作，高职院校可以获得更多的实践性教学资源，如实习、实训基地等，为学生提供更加真实、丰富的职业技能和实践经验。这些实践性教学资源不仅可以帮助学生更好地理解和掌握课程内容，还可以让学生在实践中感受职业的挑战和机遇，增强职业素养。

促进教师专业能力提升。通过校企合作，教师和企业专家可以共同探讨实践教学和科研工作中遇到的问题，交流教学经验，开展合作研究和课题研究，促进教师专业能力的提升。教师可以通过与企业专家的交流和合作，深入了解企业的发展需求和市场变化，提高教学质量和水平，为学生的职业发展提供更多的支持。

（2）增强学生就业竞争力

①提供就业机会。通过校企合作，企业可以为学生提供更多的就业机会，帮助学生更快地融入职场。企业可以为学生提供实习、招聘等机会，让学生在实践中了解企业文化和职业要求，从而更好地适应职场。

②提供职业发展指导。企业专家可以为学生提供职业发展指导和支持，帮助学生更好地规划职业发展，提高就业竞争力。企业专家可以提供关于行业趋势、职业技能和就业前景的建议，帮助学生更好地了解行业和职业发展方向，制定合适的职业规划。

③开展专业培训。校企合作可以为学生开展专业培训，提高学生的职业素养和技能。企业可以向学生提供实践性的培训和指导，让学生更好地掌握职业技能和经验，提高就业竞争力。

④提供创业支持。通过校企合作，企业可以为有创业意向的学生提供创业资金、技术、资源等方面的支持，帮助学生实现自我发展和创业梦想。企业也可以与学校共同开展创业培训和创业活动，培养学生的创业精神和实践能力。

⑤校企合作可以为学生提供更多的就业机会和职业发展支持，帮助学生提高就业竞争力，实现自我发展和成长。同时，校企合作也可以为企业提供人才储备和技术支持，实现共赢发展。

（二）增强学生的职业素养和实践能力

通过校企合作，高职院校可以为学生提供更多的实践机会和平台，帮助学生更好地掌握职业技能和实践能力。

1. 提供实践性教学资源

校企合作可以为高职院校提供实践性教学资源，如实习、实训基地等，为学生提供更加真实、丰富的职业技能和实践经验。

首先，企业可以为高职院校提供实习基地。实习是高职教育中非常重要的一环，可以让学生在真实的职场环境中接触到行业内最新的技术、设备和管理方式，了解企业运作和业务流程，锻炼实践能力和团队协作能力。通过与企业合作，高职院校可以为学生提供更加真实、丰富的实习机会，让学生更好地了解企业需求和行业发展趋势。

其次，企业可以为高职院校提供实训基地。实训是职业教育的重要组成部分，是将理论知识与实践操作相结合的过程。实训基地可以为学生提供现代化的实训设备和工具，让学生在安全、高效的环境下进行实践操作，提高职业技能和实践能力。通过与企业合作，高职院校可以借助企业的实训基地，为学生提供更加全面、深入的实践教学资源，让学生更好地掌握职业技能和实践经验。

此外，企业还可以为高职院校提供技术支持和人才培训。随着产业的不断发展和技术的不断更新，高职院校需要不断更新教学内容和方法，以保证教学质量和水平。而企业拥有更加先进的技术和管理经验，可以为高职院校提供技术支持和专业的人才培训，使教学内容和方法更加贴近企业需求和行业发展趋势。

校企合作可以为高职院校提供实践性教学资源，使学生更好地掌握职业技能和实践经验，同时也可以为企业提供人才储备和技术支持，实现共赢发展。

2. 开展校企合作项目

校企合作项目可以帮助学生更好地了解企业运营和管理，提高实践能力和职业素养。例如，开展企业访问、项目实践、竞赛活动等，让学生了解企业的运作和管理，提高解决问题的能力和创新意识，同时也为学生提供更多的实践机会。

通过校企合作，高职院校可以为学生提供更加实践性的教育教学资源和服务，增强学生的职业素养和实践能力，提高就业竞争力。同时，校企合作也可以帮助企业更好地了解人才需求和市场发展趋势，促进企业的持续发展和壮大。

3. 提供职业指导和支持

企业专家可以为学生提供职业指导和支持，帮助学生更好地规划职业发展。例如，企业专家可以为学生提供就业指导、职业规划等服务，让学生更好地了解职业发展的方向和趋势，为未来的职业发展做好准备。

（1）提供就业指导

企业专家可以为学生提供就业指导，帮助学生更好地了解就业市场的需求和趋势。企业专家可以通过分享行业信息、分析就业市场状况等方式，帮助学生了解当前就业市场的情况和未来的发展趋势。同时，企业专家还可以帮助学生制订个人就业计划和求职策略，提高就业成功率。

（2）提供职业规划

企业专家可以为学生提供职业规划，帮助学生更好地了解自己的职业兴趣和发展方向。另外，企业专家可以通过职业测试、面谈等方式，帮助学生了解自己的职业倾向和优势，制定个人职业规划。通过职业规划，学生可以更加明确自己的职业目标和发展方向，提高职业发展的针对性和有效性。

（3）提供职业技能培训

企业专家可以为学生提供职业技能培训，帮助学生更好地掌握实践技能。企业专家可以根据企业需求和学生实际情况，制订相应的职业技能培训计划，为学生提供培训课程和实践机会。通过职业技能培训，学生可以更加深入地了解行业要求和职业技能要求，提高职业竞争力。

（4）提供职业实习机会

企业专家可以为学生提供职业实习机会，帮助学生更好地了解职业岗位的实际情况和要求。通过职业实习，学生可以在实践中了解企业文化和职业技能要求，提高职业素养和实践能力。同时，职业实习也可以为学生提供就业机会和职业发展机会，为未来的职业发展奠定基础。

4.培养实践创新精神

校企合作可以培养学生的实践创新精神，提高学生的实践能力和职业素养。例如，开展创新项目、科技竞赛等活动，让学生在实践中发挥创新和实践能力，为未来的职业发展打好基础。校企合作对于培养学生的实践创新精神有着重要作用，以下是几个详细点。

（1）创新项目

校企合作可以开展创新项目，引导学生自主思考和创新，激发他们的创新潜力。通过项目实践，学生能够更好地了解企业需求和市场变化，同时也能够提高解决问题的能力和实践能力。在校企合作中，企业可以提供实践资源和技术支持，帮助学生完成项目实践，同时也能够为企业提供新的思路和创新方案。

（2）科技竞赛

校企合作也可以开展科技竞赛，通过竞赛的方式促进学生的实践创新和职业素养的提升。科技竞赛不仅能够培养学生的实践能力，同时也能够增强他们的竞争意识和团队协作能力。在竞赛中，学生可以与企业专家一起交流、学习，从而更好地了解企业需求和市场趋势，为未来的职业发展做好准备。

（3）创业实践

校企合作也可以为学生提供创业实践的机会，帮助学生更好地掌握创新精神和实践能力。通过创业实践，学生能够了解创业的流程和方法，同时也能够学习创新思维和解决问题的能力。在校企合作中，企业可以为学生提供创业指导和支持，帮助他们实现职业梦想。

（4）社会实践

校企合作也可以为学生提供更多的社会实践机会，让他们更好地了解社会需求和市场趋势。通过社会实践，学生能够更好地掌握社会实践技能和职业素养，同时也能够为未来的职业发展积累宝贵的经验和能力。

（三）推动产业发展和社会进步

通过校企合作，高职院校可以更好地服务产业经济，培养符合产业需求的人才，为产业发展和社会进步作出贡献。

1.为产业提供人才支持

高职院校通过与企业的合作，可以更好地了解产业的需求和趋势，根据市场需求调整课程设置，培养符合产业需求的人才。企业在合作中也可以提供实习和实训基地等教育教学资源，让学生更好地掌握职业技能和实践经验。这些实践经验和技能可以为产业提供更好的人才储备和技术支持，为企业和产业发展注入新的活力。

2.促进技术创新和产业升级

通过校企合作，高职院校可以与企业共同开展技术研究和项目开发，共同解决产业中的技术难题，提高技术创新能力。企业专家可以为高职院校的师生提供技术支持和指导，共同推进产业技术升级。这不仅有助于企业提高市场竞争力，而且有助于推动产业的可持续发展。

3.促进产学研深度融合

校企合作可以促进产学研深度融合，实现学术研究与产业发展的有机结合。高职院校可以与企业共同开展技术研究和产业发展研究，共同解决产业发展中的技术和管理难题，促进产业创新和发展。这种深度融合也有助于推动产学研三方的协同发展，促进科技创新和经济发展。

4.服务社会和推动可持续发展

校企合作可以为社会提供更好的服务，推动可持续发展。高职院校可以通过校企合作，为企业和社会提供更多的技术支持和人才培养服务，推动产业发展和创新。同时，高职院校也可以通过校企合作，引领学生积极参与社会服务和公益事业，提升社会责任感和社会贡献度，为社会可持续发展做出贡献。

三、高职三教改革与校企合作的联系

高职三教改革和校企合作有着密切的内在联系，主要表现在以下几个方面。

（一）实践教学的开展

实践教学是高职教育的重要特点和优势之一，也是高职三教改革的重要内容。

1.高职三教改革与实践教学的关系

高职三教改革是为了适应新时代的要求，推进高等教育内涵式发展而进行的一项重要改革。其中，实践教学是高职三教改革的重要内容之一。高职三教改革提出，要在教育教学过程中注重实践教学，加强实践环节的设置，提高学生的实践能力和职业素养。通过实践教学，让学生更好地了解职业需求和市场发展趋势，为未来的职业发展做好准备。

2.校企合作与实践教学的关系

校企合作是实践教学开展的重要保障和支撑。通过与企业合作，高职院校可以利用企业的实践基础和先进设备，为学生提供更加实际和有针对性的实践教学。同时，企业也能够通过参与实践教学，发现和培养优秀人才，提高自身的竞争力和创新能力。

3.校企合作在实践教学中的作用

（1）推动实践教学内容的更新和优化

校企合作可以帮助高职院校更好地了解产业的发展趋势和需求，调整和优化实践教学内容和方法，使实践教学更加符合市场需求和职业发展方向。

（2）提高学生的实践能力和职业素养

通过校企合作，高职院校可以为学生提供更加实践性的教育教学资源和服务，提高学生的实践能力和职业素养。学生在实践教学中，能更好地掌握职业技能和实践能力，了解企业文化和职业要求，为未来的职业发展做好准备。

（3）促进产学研合作

校企合作可以促进产学研合作，实现产业、学校和科研机构之间的深度合作，推动科研成果的转化和应用。通过实践教学和产学研合作的深度融合，能够更好地促进科技创新和产业升级。

（4）提高毕业生的就业竞争力

通过校企合作，学生能够更好地掌握职业技能和实践能力，提高毕业生的就业竞争力。同时，企业也能够更加了解学生的实际能力和职业素养，为招聘和培养人才提供更加准确的参考和支持。

校企合作在实践教学中发挥着重要作用。通过合作，高职院校能够提供更加实践性的教育教学资源和服务，调整和优化实践教学内容和方法，提高学生的实践能力和职业素养，促进产学研合作，提高毕业生的就业竞争力，推动产业发展和社会进步。

（二）教学资源的共享

高职三教改革中，通过与企业的合作，高职院校可以得到企业的技术支持和专业知识，实现教学资源的共享。企业也可以通过向高职院校提供技术支持和专业知识，与高职院校建立长期合作关系，为企业的技术创新和人才培养提供有力保障。

1.高职三教改革推动了校企合作的发展

高职院校通过与企业的合作，提高教学质量和就业率，同时也能够帮助企业培养人才、创新发展，推动产业发展和社会进步。因此，高职三教改革推动了校企合作的发展，促进了教学资源共享。

2.校企合作实现教学资源的共享

（1）技术支持的共享

通过与企业的合作，高职院校可以得到企业的技术支持，实现教学资源的共享。企业拥有先进的技术和专业知识，可以为高职院校提供相关技术和知识支持，帮助高职院校完善课程设置和教学内容，提高教学质量和水平。

（2）专业知识的共享

企业专家拥有丰富的行业经验和专业知识，可以与高职院校的教师进行交流，分享行业最新趋势和发展动态，推动课程内容的更新和优化。同时，教师也可以将自己的教学经验和教学成果与企业专家分享，实现双方的资源共享和互惠互利。

（3）实践教学资源的共享

企业拥有更为丰富的实践资源，如实训基地、实验室等，可以为高职院校提供更多的实践教学资源，帮助学生更好地掌握实践技能和能力，提高就业竞争力。

3.校企合作在促进教学和科研工作深度融合方面的作用

（1）促进教师的实践经验和专业能力的提升

通过校企合作，教师可以更好地了解企业的需求和趋势，参与企业实践项目的开展，提高自己的实践经验和专业能力。教师还可以通过与企业专家的合作研究和课题研究，促进教学和科研工作的深度融合，提高其教学水平和能力。

（2）推动产学研融合，促进产业升级

通过校企合作，学校可以更好地服务于企业和产业经济，同时也能够促进产学研融合，推动产业升级。学校可以利用自身的人才和技术优势，与企业共同开展产学研合作项目，为企业提供技术支持和解决方案，推动产业创新和升级。同时，企业也可以向学校提供实践项目和课题研究，帮助学校提高科研能力和水平，实现产学研合作共赢。

（3）提高毕业生就业竞争力

校企合作可以帮助学校更好地了解市场需求和职业发展方向，调整和优化教学内容和方法，为学生提供更具实践性和有针对性的教育资源和服务，提高学生的职业素养和实践能力。同时，企业也可以为学生提供就业机会和职业发展指导，帮助学生更好地适应职场，提高就业竞争力。

高职三教改革的推行为校企合作提供了更广阔的空间和更深入的合作机会，校企合作也在不断地推动和促进高职教育的创新和发展。在校企合作中，学校和企业需要互相支持、互相促进，实现优势互补、资源共享，从而实现共赢发展。

（三）实验室和实训基地的建设

实验室和实训基地是高职教育中非常重要的实践教学资源。在高职三教改革中，高职院校需要与企业合作，建设实验室和实训基地，为学生提供更好的实践教学平台。企业也可以通过建设实验室和实训基地，将自身的技术和实践经验传授给学生，提高学生的技术水平和竞争力。

1.实验室和实训基地建设的背景和意义

实验室和实训基地是高职教育中非常重要的实践教学资源，是高职教育与企业合作的重要载体。在高职三教改革中，高职院校需要与企业建立合作关系，共同建设实验室和实训基地，为学生提供更加实际、丰富的职业技能和实践经验。同时，实验室和实训基地建设也能够为企业提供人才储备和技术支持，促进企业发展。

2.实验室和实训基地建设的优势

（1）提高教学质量和水平

实验室和实训基地的建设可以为高职院校提供更加丰富、实际的教学资源，提高教学质量和水平。同时，实验室和实训基地的建设也可以促进产学研融合，推动产业发展和社会进步。

（2）提升学生实践能力和职业素养

通过实验室和实训基地的建设，学生可以更好地掌握职业技能和实践能力，增加就业竞争力。同时，实验室和实训基地的建设也可以培养学生的职业素养和实践创新能力，为未来的职业发展打好基础。

（3）促进高校与企业的深度合作

实验室和实训基地的建设可以促进高校与企业的深度合作，实现产学研融合，共同推动产业发展和社会进步。企业还可以通过参与实验室和实训基地的建设，发现和培养优秀人才，提高自身的竞争力和创新能力。

3. 实验室和实训基地建设的实施方式

（1）与企业合作共建

高职院校可以与企业建立合作关系，共同参与实验室和实训基地的建设，共享实验设备和技术资源。通过与企业的合作，可以让学生更好地了解企业文化和职业要求，提高就业竞争力。

（2）多方合作建设

除了与企业合作，高职院校还可以与政府、社会团体等多方合作，共同参与实验室和实训基地的建设。这种方式可以充分利用社会资源，提高实验室和实训基地的建设水平和设施规模，为学生提供更好的实践教学平台。

（3）资金支持

实验室和实训基地的建设需要大量的资金投入，高职院校可以通过申请政府和企业的资金支持，积极推进实验室和实训基地的建设工作。此外，高职院校还可以通过开展校友捐赠等方式，筹集资金支持实验室和实训基地的建设。

（4）利用互联网技术

现代科技的快速发展为实验室和实训基地建设提供了新的思路和途径。高职院校可以通过利用互联网技术，建立虚拟实验室和实训基地，让学生在网络上进行实验操作和实践培训，为学生提供更加灵活和便捷的实践教学方式。

以上这些实施方式都可以有效地推进实验室和实训基地的建设工作，提高实践教学质量和效果，为学生的职业发展和创新能力培养奠定坚实基础。

第二节　高职三教改革对校企合作的影响

高职三教改革是中国高职教育的一次重要改革，旨在加强高职教育的应用性和实践性，推动高职教育与产业需求紧密结合，提高高职教育的质量和水平。在高职三教改革中，校企合作作为高职教育教学改革的重要内容，发挥着重要作用。

一、加强校企合作意识

高职三教改革明确提出，高职教育应该紧密结合产业需求，加强校企合作，提高学生实践能力和职业素养。这使得高职院校和企业更加重视校企合作的意义和作用，增强了校企合作的意识和信心。在校企合作中，学校和企业双方均能够得到相互的资源支持和合作机会，达到共同发展的目标，具体表现在以下几个方面。

（一）增强了高校对市场需求的敏感度

高职三教改革要求高职院校要更加关注市场需求和发展趋势，更好地服务于社会和产业经济。因此，高校在校企合作中会更加注重了解企业的需求和市场趋势，从而调整和优化课程设置和教学方法，提高教学质量和水平。

1. 高职三教改革对高校的要求和目标

高职三教改革是指国家职业教育改革实施方案中的"三教"改革，即教学改革、教材建设和师资队伍建设。高职三教改革的目标是通过改革和创新，提高高职教育质量和水平，培养更多的技术技能型人才，适应社会和产业的需求。

在这个背景下，高职院校需要更加关注市场需求和发展趋势，增强自身的适应能力和竞争力。同时，高职院校也需要更加注重实践教育和职业能力培养，提高学生的实践能力和职业素养。

2. 高职三教改革对高校的影响

（1）加强市场需求和趋势的了解

高校通过与企业合作，了解企业的需求和趋势，进而调整和优化教学内容，培养更多实用型人才，更好地服务于社会和产业经济。

（2）加强了职业教育和实践能力培养

高职三教改革促使高校更加注重实践教育和职业能力培养，通过与企业合作，为学生提供更加实际和有针对性的实践教学。高校通过与企业合作，建立实训基地和实验室，为学生提供更加真实、丰富的职业技能和实践经验。

（3）促进了校企合作的加强和深入

高职三教改革要求高职院校要更加关注市场需求和发展趋势，更好地服务于社会和产业经济。这促使高校与企业之间的合作越来越紧密，校企合作的内容和形式也得到了不断的丰富和扩展。高校通过与企业合作，共同推进产学研一体化，共建实验室和实训基地，开展科技合作和人才培养等多方面的合作，为校企合作提供了更多的选择和机会。

（4）推动了教学方法和手段的创新

高职三教改革要求高职院校要更加注重实践教育和职业能力培养，这促使高校在教学方法和手段上不断创新。高校通过引入现代化技术手段，如VR、AR、MR等，创新教学方法，提高教学效果和效率，可以更好地满足学生的学习需求和市场的职业需求。

（5）促进了高校的转型升级和发展

高职三教改革要求高职院校要更加关注市场需求和发展趋势，更好地服务于社会和产业经济。这促使高校不断进行转型升级和发展，加强与企业之间的合作，推进产学研一体化，培养更多的实用型人才，更好地服务于社会和产业经济的发展。同时，高校的发展也为校企合作提供了更多资源和支持，推动了校企合作的深入和发展。

（二）增强了企业对高校人才的认可度

高职三教改革鼓励高校与企业合作，共同培养符合企业需求的人才，为产业发展和社会进步作出贡献。因此，在校企合作中，企业可以更加全面地了解高校教育和学生的实践能力，从而更好地发掘和培养人才，这也增强了企业对高校人才的认可度和信心。

1. 实践教学的提升

高职三教改革要求高职院校更加注重实践教学，为学生提供更加真实、丰富的职业技能和实践经验。通过与企业合作，高校可以利用企业的实践基础和先进设备，提高实践教学的质量和水平。学生在实践教学中，能够学习到更加实际和有针对性的职业技能，更好地满足企业的需求和要求。

2. 校企合作的深入推进

高职三教改革要求高职院校加强与企业的合作，实现产学研一体化。在校企合作中，高校能够更加深入地了解企业的需求和发展趋势，调整和优化教学内容和方法，更好地培养符合企业需求的人才。而企业能够通过参与校企合作，发现和培养优秀人才，提高自身的竞争力和创新能力。这种双赢的合作模式，使得企业更加认可高校的人才培养质量和能力。

3. 学生就业率的提高

随着高校和企业的合作加强，学生在校期间能够接触到更多的实践机会和职业导向，更加了解企业的需求和要求。这也使学生在毕业后更容易适应企业的工作和发展，提高了学生的就业率。企业在招聘时，也更加倾向于选择高校毕业生，因为他们具备更加实用的职业技能和经验，更符合企业的需求。

4. 品牌效应的提升

随着高校与企业合作的不断加强，高校的品牌形象也得到了提升。企业更加认可高校的人才培养质量和能力，愿意与高校建立长期的合作关系。这种品牌效应的提升，也使得更多的学生选择就读于高校，为高校的发展和壮大提供了有力的支持。

（三）推动了高校和企业的深度合作

高职三教改革鼓励高校和企业进行深度合作，推动产学研一体化。在校企合作中，高校和企业双方可以共同参与实践项目的开展，促进教学和科研工作的深度融合。同时，高校和企业也可以共享资源和技术支持，共同推动产业的发展和社会进步。

1. 推动教学和科研工作的深度融合

在高职三教改革的背景下，高校和企业之间的合作已不仅是提供实践教学资源，更是推动教学和科研工作的深度融合。高校和企业可以共同参与实践项目的开展，教师和企业专家可以合作研究和课题研究，通过共同研究和交流，不仅可以提高教师的实践经验和专业能力，也能够促进教学和科研工作的深度融合，提高教学水平和能力。

2. 共享资源和技术支持

高职三教改革鼓励高校和企业之间共享资源和技术支持，推动产学研一体化。高校和企业可以在校企合作中共享实验设备、技术资源和研究成果等，为产业发展和社会进步做出更大贡献。通过共享资源和技术支持，高校和企业双方可以更好地发挥各自的优势，实现资源共享、优势互补，达到共同发展的目标。

3.深化人才培养模式

高职三教改革鼓励高校和企业之间进行深度合作，共同培养符合企业需求的人才。高校和企业可以通过联合培养、实习实训等多种方式，让学生更好地了解企业文化和职业要求，提高学生的实践能力和职业素养，培养更多实用型人才。这样的深化人才培养模式，不仅符合企业的需求，也能为高校的人才培养工作带来更好的效果。

二、推动校企联合培养模式的推广

高职三教改革提出，应推广校企联合培养模式，实现学校、企业和学生的三方共赢。在校企联合培养模式中，高职院校与企业合作，共同参与学生的职业教育和实践培训，实现学生的理论学习和实践能力培养的有机结合。通过校企联合培养模式，学生能够更好地掌握职业技能和实践能力，为未来的职业发展做好准备。这种模式也能够帮助高职院校更好地了解市场需求，提高毕业生的就业率。这种模式的推广有以下几个方面的影响。

（一）提高教学质量和实践能力

通过校企联合培养模式，学生可以更好地了解企业文化和职业要求，掌握实践技能，提高实践能力。企业的参与也可以让学生更加贴近市场和行业需求，提高学生的实际操作能力，为学生未来的职业发展奠定更好的基础。此外，企业也能提供先进的设备和技术，让学生能够更好地了解和掌握最新的技术和工作方法。

1.实现职业能力和实践技能的有机结合

校企联合培养模式将高校和企业紧密结合在一起，让学生在校期间就能接触到真实的企业需求和业务操作，学生能更加深入地了解企业文化和职业要求，掌握实践技能，提高实践能力。通过企业的参与，学生能更加贴近市场和行业需求，掌握更加实用的技能和经验，为未来的职业发展打下更好的基础。同时，企业能够通过参与培养活动，更加了解学生的实际水平和能力，为企业未来的人才招聘和培养提供更具针对性的方案。

2.提供先进的设备和技术支持

校企联合培养模式还可以为学生提供更加先进的设备和技术支持。在校企合作中，企业可以提供最新的设备和技术支持，让学生能更好地了解和掌握最新的技术和工作方法。这样可以让学生更加适应市场的发展和企业的需求，提高实践能力和职业素养。同时，学校和企业也可以共同研究和开发新技术、新产品，推动产学研一体化，促进产业发展和社会进步。

3.促进实践教学与理论学习的有机结合

校企联合培养模式通过将实践教学与理论学习有机结合起来，让学生能够更好地将理论知识应用到实践中。企业可以提供实际的业务操作，让学生更好地掌握职业技能和实践经验，提高实践能力和应用能力。同时，学校也可以为学生提供更加系统的理论学习，帮助学生更好地理解企业实际操作中所需要的知识和技能。这样可以提高学生的综合素质，让学生更加适应未来职业发展的要求。

在校企联合培养模式中，学生可以通过实际操作了解企业的运作和管理方式，掌握行业先进的技术和工作方法，了解职业发展规划和行业发展趋势，更好地应对未来的职业挑战。同时，学生也能通过课堂学习深入理解企业运营的基本原理和理论知识，提高自身的学术水平和素质。

此外，校企联合培养模式也可以为学生提供更加丰富和多样化的实践教学机会。通过与企业合作，学生可以参与到各种实践项目和实验室建设中，获得更多的实践经验和技能提升机会。这种多样化的实践教学可以让学生更加全面地了解自己所学专业的实际应用和职业要求，更好地为未来的职业发展做好准备。

校企联合培养模式的推广可以促进实践教学与理论学习的有机结合，提高学生的实践能力和学术水平，为学生未来的职业发展奠定坚实的基础。同时，也可以为企业提供更多的高素质人才，促进产业发展和社会的进步。

（二）推动高校和企业的深度合作

通过校企联合培养模式，高校和企业可以共同参与学生的职业教育和实践培训，促进教学和科研工作的深度融合。双方也可以共享资源和技术支持，共同推动产业发展和社会进步。这种深度合作可以让企业更好地了解高校的人才培养模式和学生的实际水平，帮助企业更好地招聘和培养人才。

1. 共同参与学生的职业教育和实践培训

校企联合培养模式要求高校和企业共同参与学生的职业教育和实践培训。企业可以为学生提供实际的业务操作，让学生更好地掌握职业技能和实践经验，提高实践能力和应用能力。同时，学校也可以为学生提供更加系统的理论学习，帮助学生更好地理解企业实际操作中所需要的知识和技能。这种深度合作可以让学生更好地掌握职业技能和实践经验，提高其实践能力和应用能力，更好地适应未来职业发展需要。

2. 共享资源和技术支持

校企联合培养模式的推广可以促进高校和企业之间资源和技术的共享。企业可以为高校提供实际的业务操作和技术支持，帮助高校更好地了解市场需求和企业实际操作中所需的技能和知识。高校也可以为企业提供技术支持和研究成果，帮助企业提高产品和技术水平。这种资源和技术的共享可以促进高校和企业之间的深度合作，共同推动产业发展和社会进步。

3. 共同开展科研项目

校企联合培养模式的推广可以促进高校和企业在科研方面的深度合作。双方可以共同开展科研项目，研发新技术和新产品。高校可以为企业提供研究成果和技术支持，帮助企业提高产品质量和技术水平。企业可以为高校提供实际的业务操作和技术支持，帮助高校更好地了解市场需求和企业实际操作中所需的技能和知识。这种深度合作可以促进高校和企业之间的互惠互利，共同推动产业发展和社会进步。

4.帮助企业更好地招聘和培养人才

校企联合培养模式的推广可以帮助企业更好地招聘和培养人才。企业可以更加了解高校的人才培养模式和学生的实际水平，从而更好地选择和招聘符合自己需求的人才。同时，在校企联合培养中，企业还可以提供实践环节，培养学生与企业文化相符的职业素养和职业道德，让学生更好地融入企业，更好地适应企业的工作环境和要求。这样可以为企业培养出更加符合自身需求的人才，提高员工的素质和贡献能力。同时，企业的参与也可以帮助高校更好地了解企业的需求和要求，为高校提供更加实际的教学内容和方法，从而更好地培养符合企业要求的人才。

（三）促进高校教学改革

校企联合培养模式的推广还可以促进高校教学改革。通过与企业合作，高职院校可以了解到实际工作需要什么样的人才，从而调整和优化教学内容和方法，提高教学质量和水平。此外，高校和企业在校企联合培养模式中可以共同开发和研究新的教学模式和方法，推动教育教学的改革和创新。

一方面，通过校企联合培养模式，高职院校可以了解到实际工作需要什么样的人才，从而调整和优化教学内容和方法，提高教学质量和水平。高职院校可以与企业合作，研究出符合市场需求的课程和教学模式，让学生更好地掌握实践技能和理论知识。通过与企业合作，高职院校可以更好地了解市场需求和发展趋势，从而调整和优化课程设置与教学方法，提高教学质量和水平。这种教学改革的促进不仅能够提高毕业生的就业率，还可以让高职教育更加符合社会和产业经济的需求。

另一方面，高校和企业在校企联合培养模式中可以共同开发和研究新的教学模式和方法，推动教育教学的改革和创新。高职院校和企业可以根据自己的优势和需求，共同开发和研究新的教学模式和方法，如线上教学、虚拟仿真实训等。这种创新的教学模式和方法可以提高学生的学习兴趣和积极性，激发学生的创新和实践能力，培养更多的创新型和应用型人才。

校企联合培养模式的推广促进了高校教学改革和创新，让高职院校更加贴近市场和行业需求，更好地培养符合企业需求的人才。同时，这也为高职院校和企业之间的深度合作提供了更多的机会和空间。只有通过不断的探索和创新，高职教育才能更好地适应市场和产业的需求，让高职院校真正成为推动产业发展和社会进步的重要力量。

（四）加强高校和企业的联系和互动

校企联合培养模式的推广也加强了高校和企业之间的联系和互动。企业参与学生的教育和培训，不仅可以帮助企业招聘和培养人才，还可以提高企业的社会形象和知名度。此外，企业也可以通过与高校合作，了解最新的教学和研究成果，帮助企业进行技术创新和研发。

1. 帮助企业招聘和培养人才

校企联合培养模式的推广可以让企业更好地招聘和培养人才。在校企合作中，企业可以参与学生的教育和培训，让学生更好地了解企业的文化和职业要求，从而更好地适应企业的工作环境和需求。这样可以让企业更容易地招聘到适合自身的人才。此外，企业也可以通过校企合作，培养符合自己需求的专业人才，从而提高企业的核心竞争力。

2. 提高企业的社会形象和知名度

通过校企联合培养模式，企业可以参与学生的教育和培训，提高企业在社会中的形象和知名度。通过与高校合作，企业可以向学生展示自己的企业文化和职业要求，让更多的人了解企业的品牌和产品。这样可以让企业更好地融入社会，提高企业的社会形象和知名度。

3. 加强高校和企业之间的联系和互动

通过校企联合培养模式，高校和企业之间可以建立更紧密的联系和互动。双方可以共同参与学生的教育和培训，推动教学和科研的深度融合。在校企合作中，企业可以向高校提供实际工作经验和技术支持，让高校更好地了解市场需求和发展趋势。同时，高校也可以向企业展示自己的教学成果和科研成果，帮助企业进行技术创新和研发。

4. 促进产学研一体化的发展

校企联合培养模式的推广也可以促进产学研一体化的发展。在校企合作中，高校和企业可以共同开发和研究新的技术和产品，促进产业发展和社会进步。同时，高校和企业的深度合作也可以加速科研成果的转化和应用，实现科技成果向产业的转移和落地。通过产学研一体化的合作，高校可以更加贴近市场和行业需求，培养更符合企业需求的人才，同时也可以更好地了解产业的发展趋势和技术需求，为科研和创新提供更为广阔的空间和机会。

校企联合培养模式的推广还可以加强高校和企业之间的人才流动和信息交流，帮助高校和企业建立更加紧密的联系和合作关系。企业可以通过与高校合作，了解最新的科研成果和技术发展趋势，为企业的创新和发展提供更加充分的信息支持和技术保障。同时，高校也可以通过与企业合作，更好地将科研成果转化为实际应用，为社会和产业发展做出更大贡献。

校企联合培养模式的推广可以促进产学研一体化的发展，加强高校和企业之间的联系和互动，为产业发展和社会进步做出更大的贡献。

三、促进教师的教学创新和发展

高职三教改革提出，应加强教师的实践能力和专业能力培养。通过校企合作，教师可以更好地了解企业的需求和趋势，调整和优化教学内容和方法，从而提高自己的教学水平和能力。教师还可以通过与企业专家的合作研究和课题研究，促进教学和科研工作的深度融合，提高教学水平和能力。在校企合作中，教师能获得更多的实践经验和职业素养，从而提高自己的教学能力和水平。

（一）了解企业需求和趋势

在校企合作中，教师可以更好地了解企业的需求和趋势，这对教学的改进和优化有很大的帮助。教师可以从企业专家那里了解实际需求，了解市场趋势和产业发展方向，从而调整和优化教学内容和方法，保证所教课程能紧跟时代步伐。

1. 了解企业需求和趋势有助于改进教学

在校企合作中，教师可以通过与企业合作、交流和实践，更好地了解企业的需求和市场的趋势。了解企业的实际需求，有助于教师调整和优化教学内容和方法，提高教学质量和水平，更好地培养符合市场需求的人才。此外，教师还可以通过与企业合作，了解市场趋势和产业发展方向，从而引领教育教学的改进和创新，推动高职教育的发展。例如，教师可以参与企业的项目研究和开发，了解企业的实际需求和技术要求，从而调整和优化教学内容和方法，让教学更加贴近实际需求。同时，教师还可以通过参加企业的实践活动和研讨会，了解最新的技术和发展趋势，为教学提供更新的思路和方向。

2. 提高教师的实践能力和教学水平

在校企合作中，教师可以通过参与企业实践项目，提高自己的实践能力和教学水平。参与企业项目研究和开发，可以让教师更好地掌握最新的技术和行业动态，提高自己的专业素养和实践能力。同时，教师还可以与企业专家和工程师进行交流和合作，从而了解企业实践中的问题和难点，帮助学生更好地掌握职业技能和实践经验。

3. 推动教育教学的改革和创新

在校企合作中，教师可以通过与企业合作，探索新的教学模式和方法，推动教育教学的改革和创新。例如，教师可以与企业专家合作，开发创新性的课程、实验项目和实践机会，为学生提供更加多元化和丰富的学习体验。此外，教师还可以通过与企业合作，开展行业研究和调查，为教学提供更具实践性和前瞻性的内容，让学生更好地了解行业和市场趋势，为未来的职业发展做好准备。

除了与企业合作外，教师还可以借鉴国内外的教育教学先进经验和成果，引入新的教育理念和技术手段，提高教学质量和效果。例如，教师可以使用在线教学平台和教育APP，开展线上教学和实验，让学生在学校和家庭中都可以参与到教学活动中来，提高学习的便捷性和灵活性。

校企合作的推广可以促进教育教学的改革和创新，让教育更加贴近市场和行业需求，提高教学质量和水平，培养更加优秀的人才。同时，这也为高职院校和企业之间的深度合作提供更多的机会和空间，促进产业发展和社会进步。

（二）优化教学内容和方法

高职三教改革提出，应推广校企联合培养模式，实现学校、企业和学生的三方共赢。在校企联合培养模式中，高职院校与企业合作，共同参与学生的职业教育和实践培训，实现学生的理论学习和实践能力培养的有机结合。同时，高职三教改革还鼓励教师通过校企合作了解企业需求和趋势，优化教学内容和方法，推动教育教学的改革和创新。

校企合作能够促进教学内容和方法的更新和改进。通过了解企业的需求和趋势，教师可以及时更新教学内容，使其与市场需求保持一致。同时，教师还可以结合企业的实际情况，对课程内容进行改进，让学生更好地掌握职业技能和实践经验。

此外，校企合作还能促进教学方法的多元化和创新。教师可以通过与企业合作，了解企业的教学模式和方法，结合学校的教学实践，探索新的教学模式和方法。例如，采用案例教学、项目教学、实践教学等多种教学方法，让学生更加深入地了解实际职业情况，提高实践能力和应用能力。同时，校企合作还可以促进教学水平和能力的提高。教师可以通过与企业专家的交流和合作，了解先进的技术和理念，不断更新自己的知识和技能，提高自身的教学水平和能力。校企合作能够促进教育教学的改革和创新。通过与企业合作，教师能够不断地探索和创新，优化教学内容和方法，提高教学水平和能力，使学生更好地适应市场和产业的需求。

校企合作在优化教学内容和方法、推动教育教学的改革和创新方面发挥着重要的作用。只有不断地探索和创新，高职院校才能更好地适应市场和产业的需求，让高职教育更加贴近实际需求，为学生未来的职业发展打下更好的基础。总结起来，高职三教改革对校企合作产生了很大的影响，主要表现在以下几个方面：第一，促进校企深度合作，推动产学研一体化的发展；第二，加强了高校和企业之间的联系和互动，提高企业的社会形象和知名度；第三，优化了教学内容和方法，提高了教学水平和能力；第四，推广校企联合培养模式，实现学校、企业和学生的三方共赢。

通过以上探讨，我们可以看到高职三教改革对于校企合作的重要性和意义。高职院校和企业之间的合作，可以让学生更好地了解企业文化和职业要求，掌握实践技能，提高实践能力。同时，高校和企业可以共同参与学生的职业教育和实践培训，促进教学和科研工作的深度融合，共同推动产业发展和社会进步。这种模式可以让企业更好地了解高校的人才培养模式和学生的实际水平，帮助企业更好地招聘和培养人才。同时，校企合作还可以优化教学内容和方法，推动教育教学的改革和创新，让高职教育更加贴近实际需求，为学生未来的职业发展奠定更好的基础。

（三）提高实践能力和职业素养

在校企合作中，教师可以参与实践项目和工作，从而提高自己的实践能力和职业素养。教师能更好地了解职场文化和要求，深入理解企业运作和管理机制，从而能够更好地教授相关知识和技能。

1. 参与实践项目和工作

在校企合作中，教师可以参与实践项目和工作，与企业专家共同探讨问题和解决方案。通过实践，教师可以更好地了解企业的需求和要求，深入理解行业文化和管理机制，从而更好地教授相关知识和技能。同时，教师也能够通过实践，发现教学中的不足之处，并及时进行调整和优化。

2.加强与企业专家的交流和合作

教师可以加强与企业专家的交流和合作，了解市场和行业的最新动态和趋势，从而更好地掌握职业技能和知识。教师可以与企业专家共同研究和探讨相关课程的教学内容和方法，根据实际需求进行调整和优化。同时，教师也可以通过与企业专家合作，开展相关科研和项目，提高自己的职业素养和实践能力。

3.学习职业素养和道德规范

在校企合作中，教师也需要学习职业素养和道德规范，从而更好地适应教育教学的要求。教师需要学习如何与企业沟通和合作，如何在实践项目中做好角色的转换，如何遵守职业道德和规范。只有掌握这些职业素养和道德规范，教师才能更好地参与校企合作，为学生提供更加优质的教育教学服务。

4.加强教育教学的创新和改革

在校企合作中，教师需要加强教育教学的创新和改革，不断探索新的教学模式和方法，提高教学效果和质量。教师可以与企业专家共同开发和研究新的课程和教材，采用多元化和创新的教学方法，让学生更加深入理解和掌握知识与技能，提高综合素质和实践能力。此外，教师还可以通过与企业合作，了解最新的行业趋势和发展动态，调整和优化教学内容和方法，保证所教授的课程能够紧跟市场需求和产业发展。同时，教师还可以借鉴企业管理经验和实践，将其融入教学中，培养学生的职业素养和管理能力。另外，校企合作也可以促进教育教学的国际化和多元化。高职院校可以与国内外企业合作，开展跨国教育项目和交流活动，让学生更加全面地了解不同文化和管理模式，提高跨文化交际能力和国际竞争力。

校企合作在加强教育教学创新和改革方面发挥着重要作用。只有不断地探索和创新，高职院校才能更好地适应市场和产业的需求，让高职教育更加贴近实际需求，为学生未来的职业发展奠定更好的基础。

（四）开展合作研究和课题研究

校企合作可以促进教师的教学创新和发展，教师可以与企业专家合作开展研究项目和课题研究，推动教学创新和科研工作的深度融合。教师可以与企业专家共同探讨实践教学和科研工作中遇到的问题，通过合作研究和课题研究提高自己的学术水平和研究能力。

1.合作研究的重要性

合作研究是一种非常重要的教师专业发展方式，通过与企业专家的合作，可以在实践中不断探索新的知识和技能，发掘新的教学方法和工具，提高教学效果和质量。同时，教师可以了解企业的需求和趋势，调整和优化教学内容和方法，更好地满足市场需求，提高学生的就业竞争力和职业发展潜力。

2.合作研究的方式

（1）共同探讨实践教学中的问题

在校企合作中，教师可以与企业专家共同探讨实践教学中遇到的问题，从而寻求最佳的解决方案。企业专家可以提供丰富的实践经验和行业洞察力，帮助教师更好地了解市场需求和产业趋势，从而优化教学内容和方法，提高学生的职业能力和素养。

（2）共同开展课题研究

教师和企业专家可以共同开展课题研究，深入研究相关领域的问题，探索新的教学方法和工具。通过课题研究，教师可以不断探索新的知识和技能，提高教学效果和质量。同时，课题研究也可以为企业提供更优质的服务，提高企业的竞争力和创新力。

3.合作研究的作用

（1）提高教师的教学水平和能力

合作研究可以帮助教师了解市场需求和产业趋势，优化教学内容和方法，提高教学效果和质量。通过合作研究，教师可以探索新的知识和技能，提高自己的教学水平和能力。

（2）加强教学和产业的联系

合作研究可以加强教学和产业的联系，让教学更贴近实际需求，为学生的职业发展奠定更好的基础。教师可以通过合作研究了解企业的实际需求和趋势，将这些信息融入教学中，提高学生的职业素养和实践能力。

（3）推动教育教学的创新和改革

合作研究可以促进教育教学的创新和改革。教师可以与企业专家共同探索新的教学模式和方法，推动教育教学的创新和改革，提高教育教学的质量和效果。

（4）拓展教师的研究领域和学术视野

合作研究可以拓展教师的研究领域和学术视野。教师可以与企业专家合作研究不同领域的课题和问题，了解更多的实践经验和行业知识，提高自己的研究水平和视野。

（5）加强高校和企业之间的联系和合作

合作研究可以加强高校和企业之间的联系和合作。通过合作研究，高校和企业可以共同探讨和解决实践问题，建立更加紧密的合作关系，推动产学研一体化的发展。

合作研究对教师和高校的发展都有很大的帮助。只有不断地探索和创新，高校才能更好地适应市场和产业的需求，让教学更加贴近实际需求，为学生未来的职业发展打下更好的基础。

（五）提高教学竞争力和发展空间

校企合作可以提高教师的教学竞争力和发展空间。通过参与校企合作，教师可以不断提高自己的教学水平和能力，增强自己的竞争力和吸引力，从而有更多的机会获得高级职称和教育奖励。

1.提高教学竞争力

（1）优化教学内容和方法

通过校企合作，教师可以了解市场需求和产业趋势，及时更新和改进教学内容和方法，提高教学效果和质量。教师可以与企业专家共同探讨如何更好地培养符合企业需求的人才，调整和优化教学内容和方法，提高自身的教学质量和水平。

（2）增强教师的实践能力和职业素养

校企合作可以让教师参与实践项目和工作，从而提高自己的实践能力和职业素养。教师能够更好地了解职场文化和要求，深入理解企业运作和管理机制，从而能够更好地教授相关知识和技能。

（3）拓宽教师的知识和技能范围

校企合作可以让教师接触到更多的知识和技能，了解新的技术和产品，提高自己的专业水平和能力。教师可以与企业专家共同研究新的课程和教材，采用多元化和创新的教学方法，提高其教学效果和质量。

2.提高教学发展空间

（1）增强教师的职业发展前景

校企合作可以提高教师的教学水平和能力，增强自己的竞争力和吸引力，从而有更多的机会获得高级职称和教育奖励。教师的职业发展前景得到提升，也会吸引更多高素质人才加入高职教育事业。

（2）扩展教师的发展领域

校企合作可以让教师接触到更多的产业领域和知识领域，扩展教师的发展领域和职业发展方向。教师可以与企业专家合作开展研究项目和课题研究，探索新的知识和技能，为自己的职业发展增加更多可能性和机会。

（3）提高教师的综合素质

校企合作可以让教师更加贴近市场和产业，了解最新的技术和工作方法，提高自身综合素质。教师可以通过实践项目和工作，提升自己的实践能力和职业素养，从而更好地服务于学生和教育事业。

（4）增加教师的交流和合作机会

校企合作可以让教师有更多的交流和合作机会，与企业专家和同行教师共同研究教学和科研问题，促进学科交叉和创新。教师可以与企业专家共同开发和研究新的教学模式和方法，推动教育教学的改革和创新。

校企合作对于提高教师的教学竞争力和发展空间具有重要作用。只有不断地提升教师的教学水平和能力，扩展教师的发展领域，增加教师的交流和合作机会，才能更好地服务于学生和教育事业的发展。

四、促进产业发展和社会进步

校企合作模式是一种以高校和企业之间的合作关系为基础，共同推动产业发展和社会进步的新型合作模式。随着高职三教改革的推进，校企合作模式得到了越来越广泛的应用和推广，其对于促进产业发展和社会进步具有重要作用。

（一）校企合作可以促进产业的发展和提升企业的竞争力

高校可以为企业提供技术支持和人才培养，帮助企业实现技术创新和转型升级。企业可以为高校提供实践教学资源和实习机会，帮助学生更好地了解企业文化和职业要求，提高学生的实践能力和职业素养。这种合作关系不仅为企业提供了新的技术、新的人才，同时也为高校提供了更好的实践机会，增强了学生的就业竞争力。

1. 技术支持

高校在技术研发、人才培养等方面具有独特的优势，可以为企业提供技术支持和帮助企业实现技术创新和转型升级。高校通过科学研究、技术创新和人才培养等方面的不断努力，积累了大量的技术和专业知识，拥有先进的技术设备和实验室，可以为企业提供技术支持和解决技术难题。

校企合作可以促进技术研发和成果转化。高校和企业可以在科研项目、技术开发和产品创新等方面展开合作，共同研究新技术、新产品，促进技术研发和成果转化。企业可以从高校的技术研究中获取先进的技术和专业知识，为企业提供更好的技术支持和创新驱动力。例如，某电子公司和高校合作开发了一款新型的智能家居系统。在合作中，高校提供了先进的技术设备和实验室，为企业提供了技术支持和专业知识，帮助企业研发新产品，并推动成果的转化和商业化。通过校企合作，企业不仅拓展了技术领域的发展，而且提升了企业的竞争力。

2. 人才培养

高校是人才培养的重要场所，通过校企合作，企业可以获得高素质的人才，帮助企业实现转型升级和持续发展。同时，企业可以为高校提供实践教学资源和实习机会，让学生更好地了解企业文化和职业要求，提高学生的实践能力和职业素养，为学生未来的就业打下坚实基础。

校企合作可以促进人才培养和人才流动。高校和企业可以在人才培养方面进行深入合作，共同制订人才培养计划和培养方案，根据企业的需求和行业发展趋势，开设相应的课程和实践项目，为企业培养出更加适应市场需求的人才。同时，通过实习和实践项目，学生可以更好地了解企业的运作模式和文化，提高实践能力和职业素养，为未来的就业做好充分准备。

校企合作还可以促进人才流动，增强企业和高校之间的交流和互动。通过校企合作，企业可以吸引到更多的高素质人才，解决招聘难题，提高企业的竞争力和创新能力。同时，学生在校企合作项目中获得的实践经验和技能也能够为企业提供有价值的人才资源，为企业的发展做出贡献。

校企合作对于人才培养具有重要的作用，通过深入的合作，高校和企业可以共同培养出更加适应市场需求的高素质人才，为企业和社会的发展作出贡献。同时，校企合作也能促进人才流动，增强企业和高校之间的交流和互动，为双方的发展提供有力支持。

（二）校企合作可以为社会提供更好的产品和服务

高校和企业可以在校企合作中共同研究和开发新技术、新产品，提高产品和服务的质量和水平，推动产业升级和转型。这种合作关系可以满足社会对于高质量产品和服务的需求，为社会创造更多的价值。

1. 共同研究和开发新技术、新产品

校企合作可以为社会提供更多高品质的产品和服务。通过校企合作，高校和企业可以共同研究和开发新技术、新产品，提高产品和服务的质量和水平，推动产业升级和转型。校企合作的优势在于高校和企业可以共享资源、共同研究和开发项目，从而达到技术创新和产品升级的目的。例如，某高校和某企业在校企合作中共同研发了一款智能家居系统。该系统结合了高校的技术研发能力和企业的市场销售经验，通过协作开发，不断改进和创新，使产品逐渐得到市场认可。该产品不仅满足了消费者的需求，同时也为企业带来了更高的利润和市场份额，推动了产业的发展和转型。

2. 共同解决产业发展和社会问题

校企合作可以共同解决产业发展和社会问题，为社会提供更多的价值。高校和企业可以共同研究和探索产业发展中的问题和挑战，以达到更高的产业水平和更高的社会价值。例如，在环境污染治理领域，高校和企业可以共同研究环境治理技术，探索更加环保的产品和服务。同时，在社会公益事业方面，高校和企业可以共同参与社会公益活动，为社会做出更多的贡献。例如，在某次社会公益活动中，某高校和某企业携手合作，为当地的贫困山区捐赠了一批新能源炊具，既解决了当地居民的烹饪问题，又减少了煤炭的使用量，达到了环保和社会公益的双重目的。

3. 提高产品和服务的品质和水平

校企合作可以提高产品和服务的品质和水平，是校企合作对社会的重要贡献之一。在校企合作中，高校和企业可以共同研究和开发新技术、新产品，从而提高产品和服务的质量和水平。企业可以通过与高校的合作，获得最新的研发成果和专业知识，提高自身的研发能力和技术水平，使得产品和服务更加符合市场需求和客户需求，提高产品的附加值和市场竞争力。

校企合作还可以帮助企业实现转型升级。企业在不断变化的市场环境下，需要不断创新和改进产品及服务，以满足消费者的需求和要求。高校具有丰富的研发资源和技术专业知识，可以帮助企业进行技术创新和转型升级。通过与高校的合作，企业可以获取到最新的科研成果和技术支持，加快产品和服务的创新和升级，使得企业能够更好地适应市场变化，提高企业的市场竞争力。

此外，校企合作还可以帮助企业提高管理水平和生产效率。高校拥有丰富的管理经验和研究成果，在校企合作中，可以帮助企业改进管理流程和提高生产效率。企业可以通过与高校的合作，引进先进的管理理念和技术，提高企业的管理水平和生产效率，实现生产成本的降低和效益的提高。

校企合作可以提高产品和服务的品质和水平，为消费者提供更优质的产品和服务，同时也有助于企业的转型升级和市场竞争力的提高。这种合作关系不仅为企业带来了实实在在的利益，而且为整个社会的发展和进步做出了重要贡献。

（三）校企合作共同解决产业发展和社会问题

校企合作不仅可以促进产业的发展和提升企业的竞争力，同时也可以共同解决产业发展和社会问题。在环境污染治理方面，高校和企业可以共同研究环境治理技术，研发和推广新的环保产品和技术，帮助企业实现绿色生产和可持续发展。例如，在汽车制造行业中，高校和汽车企业可以共同研发新能源汽车，提高汽车的能源利用效率和环保性能，实现环保和经济效益的双赢。在水处理领域，高校和企业可以共同研究新的水处理技术，提高水资源的利用效率和减少水污染，为保护环境和人民健康做出贡献。

此外，在社会公益事业方面，校企合作也可以为社会做出更多的贡献。高校和企业可以共同参与社会公益活动，关注社会民生和环境保护，回馈社会。例如，在教育领域，高校和企业可以共同开展义教活动，为农村地区的学生提供更好的教育资源和帮助，促进教育公平和社会进步；在健康领域，高校和企业可以共同开展健康促进项目，提高人们的健康意识和健康水平，为社会健康发展做出巨大贡献。

在校企合作中，高校和企业需要共同协作、充分沟通，建立长期的合作伙伴关系。同时，政府和社会也需要加强对校企合作的支持和推广，提供相关政策和资源支持。

第四章　校企合作的模式及其运作机制

第一节　校企合作模式的分类与评价

高职三教改革明确提出高职院校应紧密结合产业需求，加强校企合作，推动实现产学研一体化。这也促使高校和企业双方在校企合作中探索新的合作模式，如联合培养模式、实验室共建模式等。这些新的合作模式为高职院校与企业之间的校企合作提供了更多选择。

一、联合培养模式

联合培养模式是一种在高职院校与企业之间建立紧密合作关系的模式，通过共同参与学生的职业教育和实践培训，实现学生的理论学习和实践能力培养的有机结合。在该模式下，高职院校与企业可以共同制订培养计划和教学内容，企业可以提供实践性的实习、实训、项目开发等机会，使学生更好地掌握职业技能和实践能力。同时，该模式也能帮助高职院校更好地了解市场需求，提高毕业生的就业率。

（一）联合培养模式的实施方式

实施联合培养模式是一项复杂任务，需要高职院校和企业之间的密切协作及充分沟通，以下是联合培养模式的实施方案和评价。

1. 确定合作伙伴

高职院校应选择与其所在行业相关的优质企业进行合作，建立长期的合作伙伴关系。通过与企业的紧密合作，高职院校可以更好地了解市场需求和产业发展趋势，优化专业设置和教学内容，提高毕业生的就业竞争力。

（1）选择优质企业进行合作

高职院校应选择在其所在行业中有一定影响力和竞争力的企业进行合作，这些企业通常拥有先进的技术和管理经验，能为高职院校提供高质量的实践教学资源和实习机会。通过与这些企业的合作，高职院校可以更好地了解市场需求和产业发展趋势，优化专业设置和教学内容，提高毕业生的就业竞争力。

选择合适的企业需要考虑以下几个方面。

行业相关性：高职院校应选择与其专业设置相关的企业进行合作，以确保学生能够获得符合行业标准的实践机会和职业素养的提升。

企业实力：高职院校应选择具有一定实力和竞争力的企业进行合作，这些企业通常拥有较高的技术水平和管理能力，能够为学生提供更优质的实践教学资源和实习机会。

合作前景：高职院校和企业应共同确定合作的目标和内容，以确保双方的利益得到保障，建立长期稳定的合作伙伴关系。

（2）建立长期合作伙伴关系

确定合作伙伴后，高职院校和企业应建立长期稳定的合作伙伴关系，以确保双方的利益得到最大化的发挥。建立长期合作伙伴关系需要考虑以下几个方面。

①充分沟通。高职院校和企业应充分沟通，共同制订合作计划和目标，明确各自的责任和义务。

②建立导师制度。高职院校和企业应建立导师制度，为学生提供一对一的指导和培训，帮助他们更好地完成实践教学任务。

③建立评估机制。高职院校和企业应建立定期的评估机制，对联合培养计划和实践教学成果进行评估，及时发现问题并加以改进，确保教学质量。

④签署合作协议。高职院校和企业应签署明确的合作协议，明确双方的权利和义务，包括合作期限、培养计划、实践教学内容和方式、合作方式和合作成果等。

⑤建立互信和合作精神。高职院校和企业应建立互信和合作精神，尊重双方的利益和意愿，共同推进联合培养计划的实施，共同促进人才培养和产业发展。

⑥建立校企联合培养中心。高职院校和企业可以建立校企联合培养中心，专门负责联合培养计划的实施和管理，提高教学质量和教学效果。

⑦建立校企交流平台。高职院校和企业可以建立校企交流平台，加强双方的交流和互动，及时了解市场需求和产业发展趋势，为联合培养计划的调整和完善提供依据。

⑧建立长期稳定的合作伙伴关系，不仅能为高职院校和企业带来长期的利益和发展，更能为学生提供更好的实践机会和就业前景，为产业的升级和转型提供人才支持，为社会发展做出贡献。

2.制订联合培养计划

高职院校和企业共同制订学生的培养计划和教学内容，明确学生的实践培训时间和地点，以确保学生能够获得充分的实践机会。在制订联合培养计划时，需要考虑到企业的实际情况和学生的学习需求，制订出合理的实践教学计划，充分发挥高校和企业的优势和特长。在制订联合培养计划时，需要考虑以下几个方面。

（1）共同制订培养计划和教学内容

高职院校和企业需要共同制订学生的培养计划和教学内容，明确学生的实践培训时间和地点，以确保学生获得充分的实践机会。制订联合培养计划时，需要充分考虑企业的实际情况和学生的学习需求，将理论教育和实践教学有机地结合起来，以满足产业对人才的需求。

（2）充分发挥高校和企业的优势及特长

高职院校和企业在教育和培训方面各具优势和特长。高校在理论知识和专业技能方面具有丰富的经验和知识，而企业则在实践操作和技术创新方面拥有独特的优势。因此，在制订联合培养计划时，需要充分发挥双方的优势和特长，共同培养具备实践能力和创新精神的高素质人才。

（3）充分考虑市场需求和就业前景

高职院校和企业在制订联合培养计划时，需充分考虑市场需求和就业前景。了解市场需求和就业前景可以为联合培养提供指导性建议，使学生能够更好地适应市场需求，提高就业竞争力。此外，高职院校和企业还可以共同开发适合市场需求的课程和实践项目，为学生提供更多就业机会。

（4）不断完善和改进

联合培养计划需要定期进行评估和改进，高职院校和企业应建立定期的评估机制，及时发现和解决存在的问题，不断完善和改进联合培养计划。此外，高职院校和企业还可以根据市场需求和就业前景调整联合培养计划，以满足市场的需求和学生的就业要求。

联合培养计划的制订是联合培养模式的重要环节之一，它对于学生的职业发展和实践能力的提升至关重要。高职院校和企业应该充分沟通，建立导师制度、评估机制等，共同制订学生的培养计划和教学内容，明确实践培训时间和地点，制订出合理的实践教学计划，以确保学生能够获得充分的实践机会，提高学生的就业竞争力。通过联合培养模式，高职院校和企业可以更好地共同促进学生的职业发展和实践能力提升，同时也可以为企业提供更加优质的人才，为社会和产业的发展做出贡献。

3.实施实践教学

高职院校应为学生提供基础知识的理论课程，企业则提供实践性的实习、实训、项目开发等机会，让学生能够更好地掌握职业技能和实践能力。在实践教学过程中，高职院校和企业需要密切配合，建立高效的沟通机制，及时解决实践教学中出现的问题，确保学生顺利完成实践教学任务。

（1）高职院校的理论课程

高职院校作为培养学生的主要场所，应为学生提供基础知识的理论课程，帮助学生掌握专业知识和技能。高职院校的理论课程需要与实践教学紧密结合，以确保学生能够更好地掌握职业技能和实践能力。在理论课程教学中，高职院校需注重实用性和实践性，鼓励学生积极思考，培养学生的创新能力和实践能力。

（2）企业的实践性教学

企业作为联合培养模式的合作方之一，需为学生提供实践性教学，帮助学生更好地了解职业要求和实践技能。企业的实践性教学包括实习、实训和项目开发等，这些教学形式可以帮助学生更好地了解企业文化和职业要求，提高学生的实践能力和职业素养。在实践教学中，企业需要为学生提供合适的实践机会，并配备专业的导师或教练，帮助学生解决实践中遇到的问题，提高学生的实践能力和技能水平。

（3）高职院校和企业的密切配合

高职院校和企业需要在实践教学中保持密切配合，建立高效的沟通机制，及时解决实践教学中出现的问题，确保学生顺利完成实践教学任务。在实践教学中，高职院校和企业需要共同制订实践教学计划，明确学生的实践任务和时间安排，建立实践教学的评估和反馈机制，以确保实践教学的有效性和高效性。

实施实践教学是联合培养模式的核心环节之一，高职院校和企业需要充分协作，为学生提供充足的实践机会和培训机会，帮助学生更好地掌握职业技能和实践能力。同时，也需要加强沟通和协调，及时解决教学中出现的问题，保证实践教学质量的提高。实践教学的成功实施，不仅可以让学生获得实践经验和职业技能，而且能够帮助企业培养出更多的高素质人才，推动产业升级和转型，为社会的可持续发展做出贡献。

4. 建立导师制度

高职院校和企业应建立导师制度，为学生提供一对一的指导和培训，帮助他们更好地完成实践教学任务。导师应具备丰富的实践经验和职业素养，能够指导学生掌握实践技能，提高学生的实践能力和职业素养。

（1）建立导师制度的作用

首先，导师可以为学生提供实践性的指导和培训，帮助学生更好地掌握职业技能和实践能力。通过与导师的互动和交流，学生能够更好地理解企业的文化和价值观，掌握企业所需的职业素养和技能。其次，导师可以为学生提供职场经验和人生阅历的传授。导师通常都是在职的专业人士，他们有着丰富的职业经验和人生阅历，可以为学生提供有价值的建议和指导，帮助学生更好地理解职业规划和发展方向。

（2）建立导师制度的实施方法

在建立导师制度时，高职院校和企业应该根据实际情况制订具体的实施方案，以下是建立导师制度的一些实施方法。

①确定导师的资格标准：高职院校和企业应该共同制定导师的资格标准，包括职业经验、职业素养和导师能力等方面的要求。

②为导师提供培训和支持：高职院校和企业应该为导师提供培训和支持，帮助他们更好地了解学生的需求和教学任务。

③确定导师和学生的匹配方式：高职院校和企业应该根据学生的专业和兴趣爱好等因素，与导师进行匹配，确保导师和学生之间较高的配合度。

④建立导师和学生的沟通渠道：高职院校和企业应该建立导师和学生的沟通渠道，帮助他们更好地交流和互动，共同完成实践教学任务。

⑤建立导师制度是联合培养模式的重要组成部分，可以帮助学生更好地掌握职业技能和实践经验，提高学生的职业素养和就业竞争力。高职院校和企业应共同制订导师的选拔标准和培训计划，建立起一支素质高、经验丰富的导师团队，为学生的职业教育和实践培

训提供有力的保障。同时，导师也应对学生进行全方位的指导和支持，帮助他们更好地完成实践教学任务，培养出更多高素质职业人才。

5.定期评估

高职院校和企业应定期对联合培养计划和实践教学成果进行评估，不断改进和完善教学方案。评估过程中需要充分听取学生和企业的意见和建议，根据评估结果及时进行调整和优化，确保联合培养模式的实施效果，以下是定期评估的一些具体方面。

（1）确定评估指标

高职院校和企业应共同确定评估指标，包括学生的职业技能掌握程度、实践能力、职业素养等，以及联合培养计划的实施效果、教学质量等方面。

（2）采用多种评估方法

评估方法可以包括问卷调查、实践表现评估、访谈等多种方式。其中，学生的实践表现评估应由企业导师和高职院校教师共同完成，以全面了解学生的实践能力和职业素养。

（3）定期开展评估

高职院校和企业应定期开展联合培养计划和实践教学成果的评估工作，一般可以按学期或学年为周期进行。评估结果应及时反馈给学生、教师和企业导师，并制定相应的改进措施。

（4）充分听取各方意见和建议

在评估过程中，高职院校和企业应充分听取学生、教师和企业导师的意见和建议，以不断改进联合培养计划和实践教学方案，提高联合培养的质量和效果。

（5）不断优化联合培养方案

根据评估结果，高职院校和企业应不断优化联合培养方案，包括调整教学内容、实践培训安排、导师指导方式等方面，以确保联合培养模式的实施效果。

定期评估是联合培养模式的一个重要环节，它可以帮助高职院校和企业不断改进和完善联合培养计划和实践教学方案，提高学生的实践能力和职业素养，为毕业生的就业创造更多机会和优势。

（二）联合培养模式的评价

联合培养模式是高校和企业共同实施的一种教育教学模式，它通过高校与企业之间的紧密合作，为学生提供更多的实践机会，帮助学生更好地掌握职业技能和实践能力，从而提高学生的职业素养和实践能力。此外，联合培养模式还可以帮助企业了解学生的能力和潜力，提高招聘质量，为企业引进优质人才，同时也能促进高校与企业的合作，推动产学研深度融合，为企业的创新和发展提供相应的支持。

1.提高学生的职业素养和实践能力

联合培养模式通过与企业的紧密合作，为学生提供更多的实践机会，使学生能够更好地掌握职业技能和实践能力，从而提高学生的职业素养和实践能力。在实践教学过程中，学生能够亲身参与企业的生产、管理、服务等各个环节，了解行业的发展趋势和市场需求，增强对专业知识的理解和应用，提高专业技能和职业素养，使学生能更好地适应未来职业发展的需求。

首先，实践教学能够提高学生的职业素养。在实践教学过程中，学生不仅能够掌握专业知识和技能，还能学习并理解职业道德和职业操守。例如，在与企业合作的实践教学项目中，学生需要在实践过程中遵守企业的规章制度和职业操守，了解职业道德和职业操守的重要性，从而提高自身的职业素养。其次，实践教学可以提高学生的实践能力。实践教学可以让学生参与到真实的工作环境中，面对实际问题，解决实际难题。例如，在与企业合作的实践教学项目中，学生需要参与企业的生产和管理，了解企业的运营模式和管理方式，学习如何协作和沟通，从而提高实践能力。最后，实践教学可以提高学生的创新能力。在实践教学过程中，学生需要面对各种实际问题和挑战，需要不断地进行思考和探索，从而培养创新思维和能力。例如，在与企业合作的实践教学项目中，学生需要参与企业的产品研发和创新，了解创新的过程和方法，从而提高创新能力。

实践教学是联合培养模式的核心环节之一，它能有效提高学生的职业素养、实践能力和创新能力，从而更好地适应未来职业发展的需求。同时，实践教学也为企业引进优质人才提供了重要保障。因此，在联合培养模式中，高职院校和企业应高度重视实践教学的重要性，共同制订和实施科学合理的实践教学计划，为学生和企业的发展提供有力的支持。

2. 为学生的职业发展提供指导和支持

联合培养模式能帮助学生更好地了解所学专业的行业特点和需求，为学生的职业发展提供指导和支持。在实践教学中，企业能够为学生提供更多的机会和平台，使学生了解企业的管理模式、文化氛围和职业发展规划等方面的信息，为学生未来的职业选择提供参考和支持。此外，企业还能为学生提供一对一的指导和培训，帮助他们更好地掌握职业技能和实践能力，提高学生的职业素养和实践能力，从而更好地适应未来职业发展的需求。

首先，企业能够向学生提供更多的职业发展机会和平台。实践教学过程中，学生能够深入企业进行实践，了解企业的管理模式、文化氛围、人才需求等方面的信息，为学生未来的职业选择提供参考和支持。例如，在与企业共同开展的实践项目中，学生能够了解企业在生产、服务、销售等方面的具体操作和管理方式，从而更好地了解所学专业的实际应用和市场需求。此外，企业还能够向学生提供就业和创业的机会和支持，为学生的职业发展提供更加广泛的选择和发展空间。其次，企业能够为学生提供一对一的指导和培训，帮助他们更好地掌握职业技能和实践能力。在联合培养模式中，企业可以为学生提供具有实践性的实习、实训、项目开发等机会，使学生能够更好地掌握职业技能和实践能力。最后，企业能够帮助学生建立职业网络和职业规划，为学生未来的职业发展提供强有力的支持。在联合培养模式中，企业可以为学生提供职业规划和发展方向的指导，帮助学生建立职业网络，拓展职业发展渠道，为学生提供实际的职业机会和就业资源。通过与企业的密切合作，学生可以更好地了解行业的发展趋势和市场需求，把握未来职业的发展机会，为自己的职业发展做出有益的决策。

联合培养模式是一种能有效提高高职教育的教学质量和学生的职业能力的教学模式。通过与企业的紧密合作，学生能够获得更多的实践机会，提高职业素养和实践能力，企业也能够更好地了解学生的能力和潜力，提高招聘质量，为企业引进优质人才。同时，该模式也能促进高校与企业的合作，推动产学研深度融合，为企业的创新和发展提供支持。因此，联合培养模式是一种符合时代需求的教育教学模式，应该得到更广泛的应用和推广。

3. 提高企业招聘质量

联合培养模式能够帮助企业更好地了解学生的能力和潜力，提高招聘质量，为企业引进优质人才。在实践教学过程中，企业能了解学生的实际表现和能力水平，从而更准确地评估学生的职业素养和潜力，为招聘提供更多的参考和支持。具体来说，联合培养模式可以通过以下几个方面提高企业的招聘质量。

（1）更好地了解学生的能力和潜力

联合培养模式能够让企业更深入地了解学生的实际表现和能力水平，从而更准确地评估学生的职业素养和潜力。企业可以通过对学生的实践表现和专业知识掌握情况等方面进行考察和评估，筛选符合企业需求的优质人才。

（2）提供更多的招聘机会和平台

在联合培养模式下，企业可以为学生提供更多的实践机会和平台，让学生更深入地了解企业的管理模式、文化氛围和职业发展规划等方面的信息。这些信息不仅可以帮助学生更好地选择职业方向和发展规划，同时也可以让企业更好地展示自身的特点和优势，吸引更多优秀人才加入。

（3）建立长期的合作伙伴关系

通过联合培养模式建立的长期合作伙伴关系，企业可以更好地了解高职院校的教学质量和毕业生素质，从而为招聘提供更加可靠的参考和支持。同时，企业还可以通过合作伙伴关系提前了解学生的专业特长和职业意愿，有针对性地开展招聘和培训工作。

（4）提供一对一的指导和培训

在联合培养模式下，企业可以为学生提供一对一的指导和培训，帮助学生更好地掌握职业技能和实践能力，提高学生的职业素养和实践能力。这些学生在实践中所获得的实际经验和技能，能够更好地适应企业的需求，提高招聘的质量和效率。

联合培养模式的实施可以帮助企业提高招聘质量，引进更加优质的人才，为企业的发展提供强有力的支持。同时，联合培养模式的实施也可以促进高校与企业之间的深度合作和交流，推动产学研深度融合，促进科技创新和产业发展。在联合培养模式下，企业和高校能够共同面对市场和产业的挑战，共同探索产业发展的新路径和新方向，为社会和经济的可持续发展做出贡献。

（三）校企联合培养项目的实践案例

长春汽车工业高等专科学校与多家企业建立了联合培养长效机制。以汽车定损与评估专业为例，该专业与中国平安财产保险股份有限公司、泛华保险公估有限公司、一汽金融鑫安汽车保险股份有限公司、民太安财产保险公估有限公司、安心财产保险有限责任公司等多家企业开展校企联合培养项目，经过多年实践探索与研究，积累了丰富的校企合作经验和共享资源。

1. 构建校企联合培养长效机制

在校企联合培养项目中，针对企业人才需求现状，合作构建校企协同育人平台，与企业签订校企联合培养协议，成立校企联合培养项目领导小组，积极探索与合作企业建立一体化育人的长效机制。

2. 创立了订单式"1+1+1"人才培养模式

校企共同成立专业建设指导委员会，在对企业岗位职业能力进行深入分析的基础上，遵循企业岗位人才需求规律，确定专业人才培养目标，校企双方共同制订人才培养方案，实行"1+1+1"人才培养模式，即整个培养过程分为三个阶段。

第一阶段，即学生在大学的第一学年，接受通用专业知识与技能的培养，学校和企业采用多种形式和途径让学生了解企业，如企业讲座、学生到企业参观、参加企业组织的公益活动及其他大型活动，与优秀毕业生座谈，观看企业的宣传片、组织学生体验式实习等多种方式让学生了解企业，通过学生的深思熟虑之后，在第一学年期末，选拔成立校企联合培养项目即"订单班"。

第二阶段，即学生在大学的第二学年，根据校企双方共同制订的人才培养方案，对学生进行针对性培养，工学交替学习，由学校、企业专兼结合的教学团队共同授课。

第三阶段，即学生到企业进行顶岗实习阶段，企业、学校、学生之间签订三方协议，按照协议要求，企业安排学生在与专业相关的岗位进行顶岗实习，并进行必要的岗位轮换。在顶岗实习期间，学生参与承保、核保、查勘、定损、核价、核损、核赔等工作实践，接受企业文化的熏陶，培养和锻炼学生的动手能力、综合分析能力、独立完成工作的能力和应变能力等职业综合能力，快速实现角色转变。实习结束后经考核合格，企业负责安排学生在本企业就业。

3. 构建满足企业岗位能力要求的模块化课程体系

校企双方以企业人才需求为目标，以岗位核心能力为重点，以保险业务流程为主线，构建了符合人才成长规律及保险企业员工能力素质要求的学校培养模块和企业培养模块的"校企交融"的模块化课程体系，帮助学生实现从学习者到职业人的角色转换。

4. 建设"双师型"的教学团队

校企双方共同制订师资管理相关文件，制定校企教师选聘、培养、考核标准，共同选拔优秀人员组成教学团队，按企业标准进行培训，考核通过后颁发合格证书，作为互聘互认、上岗教学的依据。

5. 校企联合开发特色教学资源

教学团队把汽车保险、汽车定损与评估理论知识、实践操作技能融为一体，将企业标准、能力素养、企业文化融入到课程建设之中，依据保险企业相关岗位典型工作任务和工作流程，开发课程标准及教学内容，设计教学情境及训练项目，共同编写教材及实训指导书，创建汽车保险与理赔案例资源库及课程资源网站，为人才培养创造良好条件。

6.建立校企评价体系

引入企业评价，校企共建质量控制体系，校企联合共同对学生进行培训与管理、考核与评价，校企根据联合培养教学计划、课程标准和教学内容，组织和实施教育与培养任务。定期对培养过程督导检查，实行教考分离，从而保证教学质量与教学效果，实现校企联动的教学与管理。

开展校企联合培养项目革新了传统的社会招聘、校园招聘模式，大幅度缩短了企业人才培养周期，能够做到入职即可做、入职即可行的高效人才需求。校企联合培养模式下，校企共同管理校企联合培养项目，学生在学校就能够接触到企业文化、职业岗位要求、职业岗位任务等，从而实现校企零对接，提高了就业质量和就业率，为社会、行业、企业培养了学以致用、高素质技术技能人才，推动了职业教育健康发展。

二、实验室共建模式

实验室共建模式是一种在高职院校与企业之间建立合作关系，共同参与实验室建设和管理的模式。在该模式下，高职院校和企业可以共享实验设备和技术资源，为学生提供更好的实践教学平台，使学生更好地掌握实践技能和经验。同时，企业可以利用实验室共建模式，将自身的技术和实践经验传授给学生，提高企业的技术水平和竞争力。

（一）实验室共建模式的实施方式

实验室共建模式是一种广泛应用于高职院校和企业之间的合作模式。在实验室共建模式中，高职院校和企业可以共同参与实验室的建设、管理和使用，共享实验设备和技术资源，为学生提供更好的实践教学平台，促进产、学、研一体化发展。

实验室共建模式的实施方式可以分为以下几种。

1.校企共建实验室

校企共建实验室是一种最为常见的实验室共建模式。在此模式下，高职院校和企业共同出资建设实验室，共享实验设备和技术资源，共同管理实验室，合作开展科研和技术创新。该模式可以让学生接触到更先进的实验设备和技术，提高实践能力和应用能力，也能帮助企业提高技术水平和竞争力。

2.企业捐赠设备模式

企业捐赠设备模式是指企业向高职院校捐赠实验设备，共同开展实验室建设和管理。该模式可以让学生接触到更先进的实验设备和技术，提高实践能力和应用能力，同时企业也可以借此机会了解高职院校的人才培养情况，为招聘和培养人才提供参考。

3.实习实训基地共建模式

实习实训基地共建模式是指高职院校和企业共同建立实习实训基地，为学生提供更好的实践教学平台。在该模式下，企业可以提供实际的业务操作，让学生更好地掌握职业技能和实践经验，同时高职院校也可以为学生提供更加系统的理论课程，帮助学生更好地理解企业实际操作中所需要的知识和技能。

4.科研共建模式

科研共建模式是指高职院校和企业共同开展科研项目，共同探索技术和产品的研发，提高产学研一体化的水平。在该模式下，高职院校和企业可以共享实验室设备和技术资源，共同出资开展科研项目，合作开展技术创新和市场营销等工作。该模式可以提高学生的实践能力和科研水平，也可以提高企业的技术水平和市场竞争力。

（二）实验室共建模式的优点

1.提高教学质量

实验室共建模式可以为学生提供更好的实践教学平台，让学生更好地掌握职业技能和实践经验，提高教学质量和教学效果。同时，高职院校和企业共同参与实验室建设和管理，可以为学生提供更加先进的实验设备和技术，促进教学和科研工作的深度融合。

2.促进产学研一体化

实验室共建模式可以促进产学研一体化的发展，高职院校和企业可以共同开展科研和技术创新，探索新的技术和产品，提高企业的竞争力和市场地位。同时，学校和企业也可以共享实验室设备和技术资源，为科研工作提供更好的条件和支持。

3.增强学校和企业的联系

实验室共建模式可以增强高职院校和企业之间的联系和互动，促进双方的合作和交流。高职院校可以了解企业的需求和趋势，根据市场需求调整和优化教学内容和方法；企业也可以了解高职院校的人才培养情况，为招聘和培养人才提供参考。

4.提高企业形象和知名度

实验室共建模式可以提高企业的社会形象和知名度，让企业成为高职院校教学和科研的合作伙伴，增强企业的社会责任感和影响力。同时，企业可以将自身的技术和实践经验传授给学生，提高学生的技术水平和竞争力。

（三）实验室共建模式的评价

实验室共建模式是一种有效的校企合作模式，具有很多优点。通过实验室共建模式，高职院校和企业可以共同开展教学、科研和技术创新工作，促进产学研一体化的发展。同时，该模式可以为学生提供更好的实践教学平台，提高教学质量和教学效果，提升教师的教学水平和竞争力，提高企业的社会形象和知名度。然而，实验室共建模式也存在一些问题和挑战。

1.资金问题

实验室建设和管理需要大量的资金投入，特别是先进的实验设备和技术更需要高额资金。在实验室共建模式中，高职院校和企业需要共同出资建设实验室，这对一些经济条件较差的高职院校和企业来说可能是一项挑战。

2.管理问题

实验室共建模式需要高职院校和企业共同管理实验室，但由于双方的管理机制和文化不同，管理难度较大。高职院校和企业需要通过协商、沟通等方式解决管理问题，确保实验室的正常运转和管理。

3. 资源利用问题

在实验室共建模式中，高职院校和企业共享实验设备和技术资源，但是由于使用需求和时间不同，资源利用可能存在不均衡的情况。高职院校和企业需要通过合理规划和资源调配，确保资源的充分利用和效益最大化。

4. 合作风险问题

在实验室共建模式中，高职院校和企业需要共同承担合作风险。例如，在实验室建设和管理中出现问题，可能会对双方的利益产生影响。高职院校和企业需要建立良好的合作关系，明确各自的责任和义务，降低合作风险。

实验室共建模式具有广阔的发展前景和重要的意义，同时也存在一些问题和挑战。高职院校和企业需要通过有效的合作方式和管理机制，共同推进实验室共建模式的发展，实现共赢。

三、产学研合作模式

产学研合作模式是一种在高职院校、企业和科研机构之间建立合作关系，共同开展研究、开发和创新的模式。在这种模式下，高职院校和企业可以共同参与产学研项目的开展，利用各自的资源优势和专业知识，实现产学研的有机结合，推动产业升级和科技创新。同时，该模式也能为学生提供更多的实践和就业机会，提高学生的实践能力和职业素养。

（一）产学研合作模式的实施方式

产学研合作模式是在产业界、学术界和研究界之间建立紧密合作关系的一种模式。通过产学研合作，企业可以利用高职院校和科研机构的专业知识和资源，开发新产品、新技术、新材料等，提高企业的技术水平和市场竞争力；高职院校可以通过产学研合作更好地了解市场需求和产业趋势，优化教学内容和方法，提高教学质量和效果，同时提高学生的实践能力和职业素养；科研机构可以通过产学研合作与企业合作开展研究和技术创新，推动科技进步和产业升级，产学研合作模式的实施方式可以分为以下几种。

1. 产业研发联盟模式

产业研发联盟模式是企业、高职院校和科研机构之间建立合作联盟，共同开展研发和创新工作的模式。在该模式下，企业、高职院校和科研机构可以共享知识和技术资源，共同研发新产品、新技术、新材料等，推动产业升级和科技进步。

2. 科技成果转化模式

科技成果转化是指将科技研究成果转化为实际生产力的一个过程。在该模式下，高职院校和科研机构可以将研究成果转化为实际产品或技术服务，向企业提供技术支持和服务，提高企业的技术水平和市场竞争力。

3. 人才培养模式

人才培养是产学研合作的重要组成部分。在该模式下，高职院校可以根据企业的需求和市场趋势，开设相关专业和课程，为企业输送高素质的人才。同时，企业也可以通过实习、实训等方式为学生提供实践机会，提高学生的实践能力和职业素养。

（二）产学研合作模式的优点

产学研合作模式的优点主要包括以下几点。

1. 提高产业技术水平和市场竞争力

通过产学研合作，企业可以借助高职院校和科研机构的专业知识和资源，开发新产品、新技术、新材料等，提高企业的技术水平和市场竞争力。

2. 优化教学内容和方法

高职院校可以通过产学研合作了解企业需求和市场趋势，更新教学内容和方法，提高教学质量和教学效果。

3. 促进学生职业发展

产学研合作可以为学生提供更多实践和就业机会，帮助学生更好地掌握职业技能和实践经验，提高就业竞争力和职业发展能力。

4. 促进产学研的有机结合

产学研合作可以促进高职院校、企业和科研机构之间的产学研有机结合，共同开展研究、开发和创新工作，实现产、学、研一体化，推动产业升级和科技创新。

5. 提高社会责任感和贡献度

通过产学研合作，高职院校和企业可以更好地履行社会责任，为社会创造更大的价值和贡献。

产学研合作模式是一种互利共赢的合作模式，可以实现企业和高职院校的共同发展，推动产业升级和科技创新，同时也能够为学生提供更好的教育和就业机会，提高学生的实践能力和职业素养。

（三）产学研合作模式的评价

产学研合作模式是指企业、高校和研究机构之间建立的一种合作模式，通过共同参与研究、开发和创新等活动，实现资源共享、互利共赢的目标。该模式是推动科技创新和产业升级的重要手段之一，在国家经济和社会发展中发挥着重要的作用。

1. 促进科技创新和产业升级

产学研合作模式是推动科技创新和产业升级的重要手段之一，能够促进科研成果的转化和应用，实现从理论到实践的转化，进一步推动科技进步和经济发展。通过产学研合作，企业可以利用高校和研究机构的科研资源和技术优势，加速新产品和新技术的研发和应用，提高市场竞争力和创新能力。同时，高校和研究机构也能够获得更多的实践经验和应用场景，提高科研成果的应用价值和社会影响力。

2. 加强人才培养和技术转移

产学研合作模式可以为人才培养和技术转移提供更多的机会和平台，促进产业人才的培养和技术人才的流动。在产学研合作中，高校可以为企业提供技术培训和人才储备，帮助企业培养更多的高素质人才。同时，企业也可以为高校提供实践场所，为高校毕业生提供更多的就业机会和实践经验。此外，研究机构还可以为企业提供技术咨询和技术转移服务，帮助企业更好地掌握和应用科研成果。

3. 提高科技成果的转化率和应用价值

产学研合作模式能够提高科技成果的转化率和应用价值，促进科技成果的产业化和商业化。在产学研合作中，企业可以利用高校和研究机构的科技成果，将其转化为实际应用的产品和服务，实现科研成果的价值最大化。同时，高校和研究机构也可以通过与企业的合作，将科研成果更好地转化为实际应用的产品和服务，提高科技成果的应用价值，为社会和经济发展做出更大的贡献。

具体来说，产学研合作模式可以通过以下几个方面提高科技成果的转化率和应用价值。第一，建立科技成果转化机制。高校和研究机构应建立科技成果转化机制，明确科技成果转化的流程和标准，建立科技成果转化的专门机构和专业团队，提高科技成果的转化效率和质量。同时，企业也应积极参与科技成果转化的过程，为科技成果的转化提供技术支持和市场需求分析，推动科技成果向实际应用的转化。第二，加强知识产权保护。知识产权的保护是科技成果转化的重要保障。高校和研究机构应及时申请科技成果的知识产权，并采取有效措施加强知识产权的保护，避免知识产权纠纷和侵权问题。同时，企业也应尊重知识产权，合法使用科技成果，避免知识产权的侵权和滥用。第三，推广科技成果。科技成果的应用需要有足够的市场需求和用户基础。高校和研究机构应积极推广科技成果，加强科技成果的宣传和推广，拓展市场渠道，建立科技成果应用的示范项目和成功案例，提高科技成果的应用和推广效果。同时，企业也应积极参与科技成果的推广，加强市场营销和用户服务，提高科技成果的推广力度和效果。第四，加强产学研团队建设。产学研合作需要有强大的产学研团队支撑。高校和研究机构应加强产学研团队的建设，建立产学研联合实验室、工程技术中心等创新平台，提高团队的科技创新能力和技术服务能力。同时，企业也应积极参与产学研团队的建设，提供技术支持和市场需求分析，推动产学研团队的科技成果向实际应用的转化。第五，加强政策支持。产学研合作需要得到政策的支持和鼓励。政府应加大对产学研合作的支持力度，建立健全的政策体系和支持机制，为产学研合作提供必要的保障和支持。具体而言，政府可以制定产学研合作的相关政策法规，包括鼓励和支持企业与高校、科研机构合作的政策、知识产权保护政策等，为产学研合作提供有力的法律保障。同时，政府还可以提供资金支持，设立产学研合作基金，资助企业与高校、科研机构的合作项目，鼓励产学研合作的深度发展。此外，政府还可以为产、学、研合作提供税收优惠政策、人才引进政策等方面的支持，为企业和高校、科研机构提供更好的合作环境和条件。通过政策支持，可以有效地促进产、学、研合作的发展，为科技成果的转化和应用提供更好的保障及支持，推动产业的升级和创新发展。

第二节　校企合作模式的运作机制

校企合作模式的运作机制是指在校企合作中，双方如何开展合作，实现互惠共赢的目标。该机制通常包括以下几个部分。

一、合作协议的签订

在校企合作之前，双方需要签订合作协议，明确合作的目的、范围、方式、责任、权利等方面的内容。合作协议通常由高职院校和企业双方的法定代表人签署，并具有法律效力。合作协议的签订是校企合作的首要步骤，也是保障合作顺利进行的基础。

合作协议的签订是校企合作的重要步骤，也是合作关系得以建立和发展的基础。合作协议的签订需要高职院校和企业充分沟通、协商，明确双方的合作目的、方式、责任、权利等方面的内容，以便双方在合作过程中有明确的共识和规范的行为准则。

（一）合作协议的内容

1.合作目的和范围

合作协议应明确合作的目的和范围，明确双方合作的目标和意图，包括合作的领域、层次、内容、任务和规模等。在制定合作目标时，应根据双方的资源优势和需求，充分考虑产学研的有机结合，提高产业技术水平和市场竞争力。

2.合作方式和形式

合作协议应明确合作的方式和形式，包括合作的方式、合作项目和时间等。合作方式可以采取共建、共享、共创等形式，合作项目可以包括科研项目、技术创新、人才培养等方面。

3.合作责任和义务

合作协议应明确双方的合作责任和义务，包括资金投入、人员配备、资源共享、保密协议、知识产权、风险分担等方面。在制定责任和义务时，应充分考虑双方的资源投入和收益分配，避免因合作关系产生的纠纷和冲突。

4.合作权力和利益

合作协议应明确双方的合作权利和利益，包括合作成果的所有权、使用权、转让权、收益分配等方面。在制定合作权利和利益时，应充分考虑双方的资源投入和收益分配，合理分配合作成果的利益，以保障双方的合法权益。

5.合作期限和变更

合作协议应明确合作期限和变更事项，包括合作期限、合作协议的变更和解除等方面。在制定合作期限和变更时，应充分考虑双方的资源投入和收益分配、协商一致并得到合法有效的确认和授权。

（二）合作协议的签订流程

1. 洽谈阶段

洽谈阶段是合作协议签订的前期准备阶段，是双方开展校企合作的第一步。在该阶段，双方需要明确合作的目的、内容、方式、时间、地点等基本信息，并进行初步的商务洽谈和沟通，具体流程包括以下几点。

（1）确定合作的目的和内容

高职院校和企业需要明确合作的目的和内容，包括教育培训、科研合作、技术转移、人才引进等方面的内容。双方需要协商确定合作的具体领域、方向、目标和计划等。

（2）确定合作方式和期限

高职院校和企业需要协商确定合作的方式和期限，包括合作的形式、时间、地点、方式、范围等。双方需要根据自身实际情况和需求，选择合适的合作方式和期限。

（3）确定合作责任和权利

高职院校和企业需要协商确定合作的责任和权利，包括各自的义务和责任、合作成果的归属和分配、知识产权的保护等，双方需要明确各自的权利和义务，避免合作过程中出现纠纷和矛盾。

（4）制订合作计划和预算

高职院校和企业需要协商制订合作计划和预算，包括合作的具体计划、时间表、人员安排、经费预算等。双方需要根据实际情况制订可行的合作计划和预算，保证合作的顺利进行。

2. 合作协议草拟阶段

在洽谈阶段结束后，高职院校和企业需要根据商定的合作内容和方式，制定合作协议的草拟稿。合作协议草拟阶段是合作协议签订的重要阶段，也是协议签订的关键环节，具体流程包括以下几点。

（1）明确协议条款和要求

高职院校和企业需要在草拟阶段明确协议的条款和要求，包括合作的目的、内容、方式、期限、义务、权利、保密、违约等方面的内容。双方需要考虑实际情况，制定可行的协议条款和要求。

（2）制定协议草拟稿

高职院校和企业需要根据已明确的协议条款和要求，制定合作协议的草拟稿。草拟稿需要包括协议的标题、前言、正文、附件等内容，双方需要共同审阅和修改，确保协议准确和完整。

（3）商定最终协议草本

高职院校和企业需要根据草拟稿进行商讨和协商，确定最终的协议草本。在商定协议草本时，双方需要仔细审阅协议内容，对不明确或有争议的内容进行修改和补充。

（4）法律审核和审批

在协议草本确定后，高职院校和企业需要将草本提交给法律顾问或律师进行法律审核，确保协议内容符合法律法规和双方的合法权益。审批流程需要根据具体情况而定，通常需要经过高职院校和企业的内部审批程序。

（5）正式签署合作协议

经过法律审核和审批后，高职院校和企业可以进行正式的协议签署。签署时需要确保协议内容的准确性和完整性，双方的代表人需要在协议上签字盖章，以确保协议的合法效力。

（6）实施和监管

协议签署后，高职院校和企业需要根据协议内容，制订具体实施方案和措施，以确保协议的顺利实施。同时，双方需要建立相应的监管机制和评估机制，及时发现和解决合作过程中的问题和难题，保证合作顺利进行。

二、合作项目的确定

在合作协议签订之后，高职院校和企业需要确定具体的合作项目，包括科研项目、实践教学项目、校企共建实验室等。双方需要明确项目的内容、时间、经费、责任等方面的内容，确保项目的顺利实施。合作项目的确定需要考虑双方的资源和需求，以实现互利共赢的目标，合作项目的确定需要经过以下几个步骤。

（一）确定合作的领域和方向

高职院校和企业需要共同确定合作的领域和方向，以确保双方的资源和需求相匹配。合作的领域可以是科研、实践教学、校企共建实验室等。企业可以根据自身的需求和发展方向，确定合作领域和方向。高职院校可以根据企业的需求，开设相关专业和课程，培养符合企业需求的人才。

在确定合作的领域和方向时，高职院校和企业应该考虑以下几点。

1. 根据企业需求确定合作领域和方向

企业是产学研合作的主体之一，其发展方向和需求是产学研合作领域和方向的重要决定因素。企业应该根据自身的需求和发展方向，确定合作的领域和方向，以便高职院校更好地为其培养相关人才，提供技术支持和服务。

2. 依据高职院校专业特长和教学资源确定合作领域和方向

高职院校在不同领域都有其专业特长和教学资源优势，应根据自身的专业特长和教学资源确定合作领域和方向，以便更好地为企业提供技术支持和服务，培养符合企业需求的人才。

3. 考虑市场需求和产业发展趋势

合作的领域和方向应该考虑市场需求和产业发展趋势，以便更好地把握市场机遇和行业趋势，为企业提供符合市场需求的产品和服务，培养适应市场需求的人才。

4. 充分考虑双方资源和能力

合作的领域和方向应该充分考虑双方的资源和能力，确保合作的领域和方向能够充分发挥双方的资源和能力优势，达到优势互补的效果。

在确定合作的领域和方向时，高职院校和企业应该充分沟通和协商，共同制订合作计划和目标，明确各自的责任和义务。例如，在科研合作方面，高职院校和企业可以确定共同研究的领域和方向，建立科研团队和实验室，开展科研项目和创新实践，共同攻关关键技术和难点问题，推动科研成果转化为实际应用。

在实践教学方面，高职院校和企业可以确定共同开发的实践教学项目和实践课程，建立实践基地和实践教学中心，共同制订实践教学计划和教学内容，为学生提供更多实践机会，帮助他们更好地掌握职业技能和实践能力。

在校企共建实验室方面，高职院校和企业可以共同投资建设实验室，开展合作研究和技术开发，共享实验设备和人才资源，推动科技成果的转化和应用。

在确定合作的领域和方向时，高职院校和企业还应该考虑到合作领域的前景和潜力，确定合作的长远目标，为未来合作提供方向和支持。

确定合作的领域和方向是产学研合作模式的重要环节之一，需要充分考虑双方的资源和能力，共同制订合作计划和目标，推动产学研深度融合，实现优势互补和共同发展。

（二）明确合作项目的内容和目标

在确定合作领域和方向后，高职院校和企业需要明确合作项目的具体内容和目标。合作项目的内容可以是开展科研项目、实践教学项目、校企共建实验室等。企业可以提供实践性的实习、实训、项目开发等机会，使学生更好地掌握职业技能和实践能力。高职院校可以根据企业的需求，开设相关专业和课程，培养符合企业需求的人才。合作项目的目标是指合作的具体目的和达到的效果，如研究新产品、开发新技术、提高学生的实践能力等。

确定合作项目的具体内容和目标是产学研合作的重要环节之一。明确项目的目标能够帮助高职院校和企业更好地规划合作计划，确保合作项目能够顺利实施，达到预期效果。

在确定合作项目的目标时，需要根据合作的具体领域和方向进行制定。以科研合作为例，合作项目的目标可以是研究新产品、开发新技术、推动科研成果转化为实际应用等。企业可以提出具体的科研问题和需求，高职院校和研究机构则可以根据企业的需求和自身优势制订合作项目的目标和计划。

除了明确合作项目的目标外，高职院校和企业还需要明确合作项目的具体内容。合作项目的内容可以是开展科研项目、实践教学项目、校企共建实验室等。企业可以提出具体的合作项目计划，高职院校则可以根据企业的需求和自身优势制订具体的合作计划。例如，在科研合作方面，高职院校和企业可以共同研究新产品或技术，建立科研团队和实验室，共同攻关关键技术和难点问题，推动科研成果转化为实际应用。

在实践教学方面，高职院校和企业可以共同开发实践教学项目和实践课程，建立实践基地和实践中心，为学生提供更多实践机会，帮助学生更好地掌握职业技能和实践能力。

除了明确合作项目的目标和内容外，高职院校和企业还需要充分协商和沟通，明确各自的责任和义务。企业需要为合作项目提供必要的资源和支持，高职院校则需要为企业输送优质的人才。双方需要遵守合同约定，确保合作项目的顺利实施。

明确合作项目的内容和目标对于产学研合作模式的实施非常重要，能够有效提高合作的效率和效果。在明确合作项目的内容和目标时，双方需要充分沟通和协商，根据各自的资源和能力确定合适的合作模式和方式。同时，合作项目的目标应该明确具体、可量化，有利于实现目标的评估和调整。通过双方的共同努力，产学研合作能取得更好的成果，推动科技成果的转化和应用，提高学生的职业素养和实践能力，促进产业升级和经济发展。

（三）制订项目计划和时间表

高职院校和企业需要制订合作项目的计划和时间表，明确项目的实施过程、实施阶段和时间节点。制订项目计划和时间表需要考虑实际情况和双方资源的限制，确保项目的顺利进行。同时，项目计划和时间表也是协调合作关系和解决合作问题的重要依据。

1.制订项目计划

制订项目计划是实现合作目标的关键步骤之一，它需要包括项目的整体目标、实施过程、实施阶段和时间节点，制订项目计划需要考虑以下几点。

（1）明确项目目标

在制订项目计划之前，高职院校和企业需要明确合作项目的具体目标。目标的明确性是实现项目成功的前提条件。在明确目标的过程中，高职院校和企业需要充分沟通和协商，确保目标能充分发挥双方的优势，实现优势互补的效果。

（2）分析项目资源

在制订项目计划之前，高职院校和企业需要分析项目的资源，包括人力资源、物资资源、财务资源等。根据分析结果，确定项目的可行性和实施方案。

（3）确定项目任务和实施阶段

在制订项目计划之前，高职院校和企业需要确定项目的任务和实施阶段。任务的明确性是项目成功实施的关键。在确定任务时，需要考虑实际情况和双方资源的限制，制定合理的任务目标和任务量，确保任务的完成质量和时间。

（4）制订项目进度计划和时间表

在确定项目任务和实施阶段之后，高职院校和企业需要制订项目进度计划和时间表。项目进度计划和时间表需要充分考虑项目的实际情况和双方资源的限制，明确实施阶段和时间节点，确保项目按照计划顺利进行。

2.实施项目计划

制订项目计划只是实现合作目标的第一步，实施项目计划才是实现合作目标的关键。实施项目计划需要高职院校和企业充分协作，按照计划顺利完成项目。

（1）及时沟通和协商

在实施项目计划的过程中，高职院校和企业需要及时沟通和协商，解决项目实施中出现的问题和困难。沟通和协商是保证项目顺利进行和最终实现预期效果的关键因素。通过沟通和协商，可以及时调整项目计划和时间表，协调双方资源和能力，确保项目的正常实施和顺利完成。

（2）合理分配任务和责任

实施项目计划需要对各项任务和责任进行合理分配。高职院校和企业应根据各自的资源和能力，合理分配任务和责任。在分配任务和责任的过程中，需要充分考虑双方的利益和需求，确保任务和责任分配公平合理。

（3）严格控制项目进度和质量

实施项目计划需要严格控制项目进度和质量。高职院校和企业需要按照项目计划和时间表，严格控制项目进度，确保项目按时完成。同时，也需要注重项目质量，确保项目的实施效果符合预期目标。

（4）注重团队合作和交流

实施项目计划需要高职院校和企业注重团队合作和交流。团队合作和交流是保证项目成功的重要因素。高职院校和企业需要建立良好的团队合作机制，加强交流和沟通，充分发挥团队协作优势，共同推动项目实施的顺利进行。

（5）持续优化和改进项目

实施项目计划需要持续优化和改进项目。在项目实施过程中，高职院校和企业需要不断总结经验和教训，持续优化和改进项目，确保项目实施效果不断提升。

实施项目计划是产学研合作模式中实现合作目标的重要环节。高职院校和企业需要充分协作，按照项目计划和时间表，合理分配任务和责任，严格控制项目进度和质量，注重团队合作和交流，持续优化和改进项目，确保项目的顺利实施和最终实现预期目标。

（四）明确项目的经费和责任分配

在确定合作项目后，高职院校和企业需要明确项目的经费和责任分配。经费分配可以是高职院校和企业按比例分摊，或由企业全额出资等方式。责任分配是指合作项目中各方的责任和义务，如科研项目的研究方案、实验室的使用维护、学生的实习管理等。明确项目的经费和责任分配可以有效避免合作过程中出现的纠纷和问题。

1.经费分配

经费是合作项目的重要组成部分，也是合作项目能否顺利进行和取得预期效果的重要因素之一。因此，高职院校和企业需要在确定合作项目时，明确经费的分配方式和金额。经费分配方式可以是高职院校和企业按比例分摊，也可由企业全额出资等方式。

（1）按比例分摊

按比例分摊是高职院校和企业合作项目中经费分配常用的方式。在按比例分摊经费的情况下，高职院校和企业需要确定各自的经费负担比例，根据项目经费总额进行划分。例如，某高职院校与某企业合作开展科研项目，项目经费总额为100万元，双方经费分配比例为6∶4，则高职院校需要负担60万元，企业需要负担40万元。在项目实施过程中，高职院校和企业需要按照经费分配比例分别承担相应的经费支出。

（2）由企业全额出资

在某些情况下，企业会全额出资来支持高职院校开展科研项目、实践教学项目等。全额出资的方式可以有效降低高职院校的经费负担压力，也能够更好地满足企业自身的需求。在确定由企业全额出资的情况下，高职院校需要明确项目的具体经费用途和支出情况，并及时向企业汇报项目经费的使用情况。

2. 责任分配

责任分配是指合作项目中各方的责任和义务。高职院校和企业需要在确定合作项目时，明确各自的责任和义务，包括研究方案的制定、实验室的使用和维护、学生的实习管理等。

（1）研究方案的制订

在科研项目中，研究方案的制定是项目的重要组成部分。高职院校和企业需要共同制定研究方案，明确研究目标、研究内容和方法、研究进度和成果等。在制订研究方案时，高职院校需要充分发挥自身的教学和科研优势，为项目的顺利实施提供有力支持。

（2）实验室的使用和维护

在科研项目和实践教学项目中，实验室的使用和维护是项目中重要的环节。高职院校和企业需要共同协调实验室的使用和维护，明确各自的责任和义务。企业需要提供实验室的设备和资金，高职院校需要负责实验室的管理和维护，确保实验室的安全和设备的正常运行。

（3）学生的实习管理

在实践教学项目中，学生的实习管理也是项目中重要的环节。高职院校和企业需要共同协调学生的实习管理，明确各自的责任和义务。企业需要提供实习机会和实习场所，高职院校需要负责学生的实习管理和评估，确保学生的实习质量和效果。

（4）知识产权的分配

在产学研合作项目中，知识产权的分配是重要的问题。高职院校和企业需要在确定合作项目时，明确知识产权的归属和分配。企业需要保护知识产权，高职院校需要保障知识产权的合法性和权益，确保双方的权益得到有效保障。

明确项目的经费和责任分配可以避免合作过程中出现的纠纷和问题，保证合作项目的顺利实施和最终实现预期效果。

（五）制定项目的评估和监督机制

在合作项目实施过程中，高职院校和企业需要建立评估和监督机制，以确保合作项目的顺利实施和达到预期效果。具体包括：

1. 项目进度的监督和评估

双方需要建立项目进度的监督和评估机制，对项目实施情况进行定期检查和评估，及时发现和解决问题，确保项目进展符合预期要求。同时，也需要根据实际情况及时调整项目进度和计划，确保项目的顺利实施。

（1）项目进度监督的重要性

及时发现和解决问题。项目进度的监督可以及时发现项目实施中出现的问题和困难，及时解决，避免问题进一步扩大以及影响项目进展和效果。

①保证项目进展符合预期要求。项目进度的监督可以及时检查和评估项目的进展情况，确保项目进展符合预期要求，避免项目进度落后或失控。

②提高项目实施效率。项目进度的监督可以根据项目实施情况及时调整项目进度和计划，提高项目实施效率，确保项目按计划顺利实施。

（2）项目进度监督的实施方法

①定期会议和汇报。定期会议和汇报是项目进度监督的重要手段。高职院校和企业可以定期召开项目进展会议，对项目实施情况进行汇报和评估，共同研究解决问题的措施和方法。

②项目管理工具。项目管理工具可以有效管理和监督项目的进度和实施情况，包括甘特图、PERT图、流程图等。高职院校和企业可以根据项目的实际情况选择合适的工具，对项目实施情况进行监督和评估。

③关键节点监督。项目中的关键节点是项目实施中的重要环节和时间节点，对项目进展和效果影响较大。高职院校和企业需要对项目中的关键节点进行重点监督，确保关键节点按计划顺利实施。

（3）项目评估的实施方法

①定期评估。定期评估是项目评估的重要手段。高职院校和企业可以定期对项目实施情况进行评估，从实际效果、项目进度、资源利用效率等方面进行评估，及时发现和解决问题。

②成果评估。成果评估是对项目实际成果进行评估，衡量项目的实际价值和贡献。高职院校和企业可以根据项目目标和预期效果，制定相应的成果评估指标和方法，对项目的实际成果进行评估。例如，在科研项目中，可以通过科研成果的论文发表、专利申请、技术转移等指标来评估项目的实际成果。

③效益评估。效益评估是对项目效益进行评估，评估项目的实际经济效益和社会效益。高职院校和企业可以根据项目的实际情况，制定相应的效益评估指标和方法，对项目的实际效益进行评估。例如，在实践教学项目中，可以通过学生的就业率、职业能力提升、企业的实际效益等指标来评估项目的实际效益。

④问题评估。问题评估是对项目实施过程中出现的问题和困难进行评估，找出问题的根源和解决方法。高职院校和企业可以定期开展问题评估，及时发现和解决项目实施过程中出现的问题和困难，确保项目顺利进行。例如，在校企共建实验室项目中，可以通过设立问题反馈机制、定期召开问题解决会议等方式，对实验室使用过程中出现的问题和困难进行评估和解决。

⑤项目评估是保证项目顺利实施和最终实现预期效果的重要手段。高职院校和企业需要根据实际情况，采取相应的评估方法和指标，及时发现和解决问题，确保项目实现预期效果。

2. 质量监控和评估

合作项目需要建立质量监控和评估机制，确保项目成果符合要求。高职院校和企业需要制定项目质量标准和评估指标，对项目实施过程中的质量进行监控和评估，及时发现和解决问题，确保项目成果的质量和实用性。

（1）建立质量监控和评估机制

①制定项目质量标准和评估指标。在开始项目实施之前，高职院校和企业需要共同制定项目质量标准和评估指标，明确项目的质量要求和评估标准。根据项目的具体情况和目标，制定相应的质量标准和评估指标，包括项目成果的实用性、成果的科学性和技术含量、项目的进度和效率等。

②建立质量监控和评估机制。建立质量监控和评估机制是保障项目质量的重要保证。高职院校和企业需要建立质量监控和评估机制，对项目实施过程中的质量进行监控和评估，及时发现和解决问题。根据项目质量标准和评估指标，建立相应的监控和评估体系，制订监控和评估计划，定期对项目实施过程中的质量进行检查和评估。

（2）实施质量监控和评估

①质量监控。质量监控是指对项目实施过程中的质量进行监督和检查。高职院校和企业需要建立质量监控机制，对项目实施过程中的质量进行监控和检查，及时发现和解决问题。在质量监控过程中，应注重对关键节点和重要环节进行重点监控，及时采取措施，确保项目实施的质量和效果。

②质量评估。质量评估是指对项目实施过程中的质量进行评估和检查。高职院校和企业需要建立质量评估机制，对项目实施过程中的质量进行评估和检查，及时发现和解决问题。在质量评估过程中，应根据制定的质量标准和评估指标，对项目实施过程中的质量进行评估和检查，发现问题及时改进，确保项目实施的质量和效果。

（3）经费监控和评估

合作项目需要建立经费监控和评估机制，确保项目经费使用规范、合理、有效。高职院校和企业需要制定经费预算和管理办法，对项目经费使用情况进行监控和评估，确保经费使用符合规定和预期要求。

（4）知识产权的保护和管理

合作项目涉及知识产权的保护和管理，需要建立相关的机制和规定。高职院校和企业需要制定知识产权管理办法，明确双方在项目实施过程中的知识产权归属和使用方式，确保知识产权的保护和管理。

（5）项目成果的共享和推广

合作项目实施过程中产生的成果需要及时共享和推广，以实现项目的效益最大化。高职院校和企业需要建立项目成果的共享和推广机制，明确双方在项目成果共享和推广过程中的责任和义务，以及成果的使用方式和范围。同时，也需要根据实际情况开展项目成果的推广和应用，增强项目的社会和经济效益。

合作项目的评估和监督机制是保障合作项目顺利实施和达到预期效果的重要保证。高职院校和企业需要充分重视项目评估和监督工作，建立科学、规范、有效的机制和制度，以确保合作项目的成功实施和开展。

三、资源共享和利益分配

在合作项目实施过程中，高职院校和企业需要进行资源共享和利益分配。资源共享包括实验设备、实践教学场地、教师、学生等方面的资源，通过共享这些资源，双方可以互相补充，实现资源优势的互补。利益分配包括经济利益和知识产权的分配，双方需要协商确定利益分配方案，实现合作共赢。

（一）资源共享

1. 实验设备共享

高职院校和企业在合作项目中需要使用实验设备，而这些设备的成本往往十分昂贵，对于单个合作方来说，采购这些设备可能会造成负担。因此，高职院校和企业可以进行实验设备共享，即共同使用一部分设备或者共同出资购买设备并共同使用。

（1）实验设备共享的意义

降低设备成本。实验设备成本高，单个合作方可能难以承担。而实验设备共享可以让多个合作方共同出资购买设备并共同使用，从而降低设备成本。

提高设备利用率。实验设备共享可以让多个合作方共同使用设备，提高设备的利用率。这可以减少设备的闲置，让设备得到更充分的利用。

促进合作交流。实验设备共享可以促进合作方之间的交流与合作，增强彼此之间的合作意识和团队合作能力，同时也可以增强双方的互信和互动。

（2）实验设备共享的模式

实验设备共享可以采用不同的模式。常见的模式有以下几种。第一，设备共同购买模式。这种模式是多个合作方共同出资购买设备，并共同使用设备。这种模式可以将设备成本分摊，同时可以提高设备利用率。第二，设备共同使用模式。这种模式是多个合作方共同使用已有的设备。合作方可以根据实际需求，在设备使用时间、设备使用费用等方面进行协商。这种模式可以提高设备利用率，同时也可以减少设备的闲置。第三，设备租赁模式。这种模式是合作方共同租赁设备，并共同使用设备。租赁模式可以降低设备的成本，同时也可以提高设备利用率。

（3）实验设备共享的注意事项

实验设备共享需要注意以下几点。第一，设备使用协议。在共享设备时，应制定设备使用协议，明确各方的权利和义务。协议中应包括设备使用时间、使用费用、设备的保养和维护等内容。第二，设备管理。在共享设备时，应加强设备的管理。设备应该定期检修和维护，以确保设备的正常使用。第三，设备保险。在共享设备时，应购买设备保险，以保障设备的安全。设备保险可以是由共享方共同购买，也可以由一方购买后，其他共享方按比例分担费用。第四，知识产权保护。在共享设备时，需要注意知识产权保护。高职院校和企业在使用共享设备时，需要遵守知识产权法律法规，确保不侵犯他人的知识产权。第五，设备使用安全。在共享设备时，需要注意设备使用安全。使用设备时，需要遵守相关的安全规定，确保设备的正常使用和人员的安全。

实验设备共享可以减轻高职院校和企业的经济负担，提高设备利用率，促进合作项目的顺利实施。但同时也需要注意设备使用的协议、管理、保险、知识产权保护和使用安全等问题。

2. 实践教学场地共享

在实践教学方面，高职院校需要提供学生实习实训的场地，而企业可以提供实际的业务操作场地。因此，高职院校和企业可以共同利用实践教学场地，实现资源的共享。

（1）实践教学场地共享的优势

①资源共享。高职院校和企业可以共同利用实践教学场地，充分利用双方的场地资源，避免资源浪费和重复建设，降低了成本，提高了效率。

②实践教学效果。实践教学场地共享可以为学生提供更加实际的实践教学环境，使学生更好地掌握职业技能和实践能力。同时，企业也可以借此机会向学生展示实际的业务操作流程，为企业的业务拓展提供人才支持。

③合作关系加深。通过实践教学场地的共享，高职院校和企业的合作关系得到进一步加深，促进了双方在教学和业务方面的合作与交流。

（2）实践教学场地共享的注意事项

①场地使用协议。在共享实践教学场地时，应制定场地使用协议，明确各方的权利和义务。协议中应包括场地使用时间、使用费用、场地的保养和维护等内容。

②场地管理。在共享实践教学场地时，应加强场地的管理。场地应该定期检修和维护，以确保场地的正常使用。

③场地保险。在共享实践教学场地时，应购买场地保险，以保障场地安全。同时，各方也应做好场地的安全管理，确保场地使用的安全性。

（3）实践教学场地共享的实施方法

①共同建设。高职院校和企业可以共同出资建设实践教学场地，以满足双方的需求。

②租用。高职院校可以向企业租用实践教学场地，以满足学生实践教学的需要。

③合作开发。高职院校和企业可以共同开发实践教学项目，共同利用实践教学场地，以提高实践教学效果。

④教师共享。高职院校和企业可以共享教师资源，双方可以派遣自己的教师（专家）到对方单位进行教学和指导，共同提升学生的实践能力和职业素养。

⑤学生共享。高职院校和企业可以共享学生资源，企业可以提供实习、实训、项目开发等机会，帮助学生更好地掌握职业技能和实践经验。同时，高职院校也可以派遣学生到企业进行实习和实训，帮助学生更好地了解企业实际操作中所需要的知识和技能。

（二）利益分配

1. 经济利益的分配

在合作项目中，高职院校和企业需要共同承担一定的经济成本，因此需要对经济利益进行合理的分配。通常情况下，经济利益的分配方案由双方协商确定，一般根据合作项目的投入和产出进行比例分配。

（1）经济利益的分配方式

通常情况下，经济利益的分配方案由双方协商确定。一般来说，经济利益的分配可以按照以下几种方式进行。第一，按比例分配。按比例分配是一种常见的经济利益分配方式，即根据合作项目的投入和产出进行比例分配。具体的比例可以根据项目的实际情况协商确定，一般按照双方的投入比例进行分配。第二，定额分配。定额分配是指双方事先确定各自应承担的经济成本，并按照事先协商的数额进行分配。这种分配方式适用于项目的成本比较固定，且可以预测的情况下。第三，其他分配方式。除了按比例和定额分配外，还有一些其他的分配方式。

（2）分配方案的制订

经济利益的分配方案的制定需要双方充分协商。在制订分配方案时，需要考虑以下几个方面。第一，项目投入和产出的比例。在制订分配方案时，需要考虑到项目的投入和产出比例。双方应该根据各自的投入比例来确定经济利益的分配比例。第二，项目成本的分摊。在确定分配方案时，双方应该明确项目成本的分摊。例如，设备采购和维护的成本应该由哪一方承担，场地租赁费用如何分摊等。第三，经济利益的实现方式。经济利益的实现方式也是需要考虑的。例如，是否直接给予经济补偿，或者通过知识产权转让等方式实现经济利益。

（3）分配方案的执行

在分配方案确定后，双方需要严格按照协议执行。在执行过程中，可能会出现一些争议，此时需要及时沟通和协商，找到解决问题的最佳方案。

（4）合作成果的共享

在合作项目中，高职院校和企业共同承担了项目的风险和成本，因此合作成果也应该共享。成果的共享可以是知识产权的共享或者经济收益的共享，根据合作项目的性质和合作方的意愿进行选择。

对于知识产权的共享，高职院校和企业可以共同申请专利或者合作研发项目的论文发表。对于经济收益的共享，一般是根据合作项目的投入和产出比例进行分配。

成果的共享可以激发合作双方的创新潜力，加快成果转化和商业化的进程，进一步促进产学研合作的深入发展。

（5）法律风险的控制

在合作项目中，双方需要遵守相关的法律法规和合同规定，以避免出现法律纠纷和风险。因此，在合作项目中，需要注重合同的签署和执行，遵循诚实信用的原则，保护知识产权和商业机密，避免出现知识产权侵权等问题。同时，高职院校和企业也需要对合作项目中的法律风险进行评估和控制。在合作过程中，双方应该建立风险预警机制，及时发现和解决潜在的法律风险问题，确保合作顺利进行。

（6）合作项目的结束

合作项目的结束可以是项目完成或者合作终止。在合作项目结束时，双方需要进行总结和评估，评估合作项目的效果和成果，发现和总结合作项目中的优点和不足，以便在下一次合作中进行改进和优化。在合作项目结束后，双方也需要做好相关的清理工作，包括设备的归还、文件资料的整理和归档等，以确保合作项目的完美结束。

（7）合作关系的维护

产学研合作是一种长期的合作关系，双方需要在合作过程中建立良好的信任关系和合作关系，保持沟通和协商的机制，及时解决问题和困难，共同发展和进步。

在合作项目结束后，双方仍然需要继续保持联系，维护好长期的合作关系，探讨新的合作领域和方向，共同推进产学研合作的深入发展。

2. 知识产权的分配

在科研项目中，可能会涉及知识产权的问题，高职院校和企业需要协商确定知识产权的归属。知识产权的分配方案可以根据具体情况进行协商，一般有以下几种方式：第一，双方共同拥有知识产权，双方共同享有收益；第二，知识产权归属于高职院校，企业获得技术授权或使用权，支付一定的授权费用；第三，知识产权归属于企业，高职院校获得使用权，支付一定的使用费用。需要注意的是，在知识产权的分配中，双方需要考虑知识产权的保护和合法性问题，确保知识产权的安全和合法性。

3. 其他利益的分配

除了经济利益和知识产权外，合作项目还可能涉及其他利益的分配，例如学生的就业机会、校企合作平台的建设、高职院校的声誉提升等。对于这些利益，高职院校和企业需要协商确定分配方案，以实现合作共赢的目标。

合作项目的资源共享和利益分配是校企合作的重要环节，需要双方在协商中注重公平、合理、透明的原则，实现双方的共同利益。

四、合作过程的监督和管理

在合作过程中，高职院校和企业需要进行合作过程的监督和管理，确保合作项目按照合作协议的规定顺利实施。监督和管理包括项目的进度、质量、资金使用等方面的管理，双方需要建立监督和管理机制，确保项目的顺利实施。

（一）监督和管理的重要性

合作协议的签订和项目的确定是校企合作的前期准备工作，而监督和管理则是合作项目的具体实施过程中的重要环节。只有建立完善的监督和管理机制，才能确保合作项目按照协议规定顺利实施，避免出现质量问题和经费浪费等情况。具体来说，监督和管理的重要性体现在以下几个方面。

1. 及时发现问题并采取措施

在合作过程中，难免会出现各种问题和困难，如项目进度延迟、资金使用不当、人员调整等。如果没有建立有效的监督和管理机制，这些问题很容易被忽视，进而导致项目无法按时完成，甚至失败。因此，监督和管理可以帮助高职院校和企业及时发现问题，并采取相应的措施加以解决，确保合作项目顺利实施。

2. 保障项目质量

校企合作的项目通常都是以实践为主，因此项目质量是非常关键的。通过监督和管理，高职院校和企业可以及时了解项目的进展情况，发现问题并及时解决，从而保证项目的质量。

3. 保障资金使用的合理性

在合作过程中，资金使用的合理性也非常重要。监督和管理可以帮助高职院校和企业及时了解项目的资金使用情况，发现资金使用中存在的问题并及时纠正，避免资金浪费，从而保障资金使用的合理性。

（二）监督和管理的具体内容

监督和管理的具体内容包括项目的进度管理、质量管理、成本管理等方面。

1. 进度管理

项目的进度管理是监督和管理的核心内容之一，它可以帮助高职院校和企业及时了解项目的进展情况，确保项目按时完成。具体来说，进度管理应包括以下几个方面。

（1）制订详细的项目计划

在项目开始前，高职院校和企业应共同制订详细的项目计划，包括项目的具体任务、完成时间、责任人、进度表等。计划应该尽量细化，以便进行有效的进度管理。

（2）制定进度监控机制

在项目进行过程中，高职院校和企业需要制定进度监控机制，以便及时了解项目的进展情况。监控机制应包括项目的检查点、监控频率、监控指标等。

（3）及时沟通

高职院校和企业需要保持良好的沟通，及时交流项目进展情况、问题和解决方案，确保项目顺利进行。

2. 质量管理

项目的质量管理是保证项目成功的关键之一，它可以确保项目达到预期的目标和质量标准。质量管理应包括以下几个方面。

（1）制定质量标准

高职院校和企业需要共同制定质量标准，以便衡量项目的质量和达成情况。

（2）实施质量控制

高职院校和企业需要实施质量控制措施，确保项目符合质量标准。控制措施可以包括检查、测试、评估等。

（3）纠正措施

如果项目出现质量问题，高职院校和企业需要及时采取纠正措施，确保项目顺利进行。

3.成本管理

项目的成本管理是保证项目成功的重要组成部分，它可以帮助高职院校和企业控制项目成本，确保项目按预算完成。成本管理应包括以下几个方面。

（1）制定预算

在项目开始前，高职院校和企业应共同制定预算，包括各项成本的预算和使用情况。

（2）控制成本

在项目进行过程中，高职院校和企业需要控制成本，确保项目不超过预算范围。

（3）制定成本监控机制

高职院校和企业需要制定成本监控机制，以便及时了解项目成本情况。监控机制应包括成本的检查点、监控频率、监控指标等。

合作过程的监督和管理是保证合作项目顺利进行的重要手段之一。高职院校和企业需要建立完善的监督和管理机制，确保项目的顺利实施。

五、合作成果的评价

在合作项目实施结束之后，高职院校和企业需要对合作成果进行评价。评价包括对项目的经济效益、技术成果、学术成果、人才培养等方面进行评价。通过评价，双方可以了解项目的实际效果，发现问题，为下一步合作提供参考。

（一）经济效益的评价

经济效益是校企合作的一个重要指标，评价经济效益可以客观地反映出合作项目的投入产出比，为企业和高职院校提供合作的可行性分析和决策依据。评价经济效益需要考虑以下几个方面。

1.成本收益比

成本收益比是指项目的收益与投资成本的比率，该比率越高，说明项目的经济效益越好。

2.投资回收期

投资回收期是指企业投资的成本回收所需的时间，该期限越短，说明项目的经济效益越好。

3.贡献度

贡献度是指合作项目对企业利润的贡献程度,该指标可以反映出合作项目的重要性和经济效益。

4.市场占有率

市场占有率是指企业在该领域内的市场份额。通过合作项目可以提高企业在该领域内的市场占有率,从而提高企业的经济效益。

（二）技术成果的评价

技术成果是校企合作的另一个重要方面,评价技术成果可以反映出合作项目的技术水平和成果质量。评价技术成果需要考虑以下几个方面。

1.成果的新颖性和创新性

评价成果的新颖性和创新性可以反映出该成果的技术水平和创新价值。

2.成果的实用性

成果的实用性是指成果在实际应用中的效果和贡献程度,该指标可以反映出该成果的实际价值。

3.成果的科研质量

评价成果的科研质量可以反映出该成果的研究水平和成果的可靠性。

4.成果的产业化前景

评价成果的产业化前景可以反映出该成果在产业化应用中的前景和潜力。

（三）学术成果的评价

学术成果是校企合作的另一个重要方面,特别是在科研项目中,学术成果的产生和评价尤为重要。学术成果的评价可以从以下几个方面进行。

1.学术论文

在科研项目中,高职院校和企业可能会共同撰写学术论文,发表在相关学术期刊上。评价学术论文可以从以下几个方面入手。

（1）发表论文的数量和质量

评价论文的数量和质量是衡量学术成果的重要指标,发表的论文数量越多,质量越高,说明项目的学术价值越大。

（2）论文被引用的次数

被引用次数是评价论文影响力的重要指标,论文被引用次数越多,说明论文的学术价值越高。

（3）论文在学术界的影响力

评价论文在学术界的影响力可以从论文被引用的期刊、作者的学术背景和研究领域等方面入手。

2.学术专利

在科研项目中,高职院校和企业可能会共同申请学术专利。评价学术专利可以从以下几个方面入手。

（1）专利的数量和质量

评价专利的数量和质量是衡量学术成果的重要指标，专利数量越多，质量越高，说明项目的学术价值越大。

（2）专利的应用和推广

评价专利的应用和推广情况可以从专利被引用的次数、专利的商业化价值等方面入手，说明专利的实际应用价值。

3.学术成果转化

在科研项目中，高职院校和企业可能会共同将研究成果转化为实际产品或技术。评价学术成果转化可以从以下几个方面入手。

（1）转化的数量和质量

评价转化的数量和质量是衡量学术成果转化的重要指标，转化数量越多，质量越高，说明项目的学术成果具有较高的转化潜力。

（2）转化的市场价值

评价转化的市场价值可以从产品或技术的商业化情况、市场占有率、经济效益等方面入手，说明学术成果在市场上的实际价值。

通过对学术成果的评价，可以了解项目的实际学术价值，为下一步合作提供参考，也可以为高职院校和企业在学术领域的发展提供指导和借鉴。

对于校企合作的学术成果评价，需要全面考虑项目的特点和目标，从科研质量、转化情况、影响力等多个方面入手，为项目的下一步合作提供参考和指导，同时也为学术领域的发展提供有价值的经验。

第五章 高职三教改革与校企合作模式的适应性

第一节 高职三教改革对校企合作模式的适应性分析

高职三教改革是指教学、教材、教师三个方面的改革。教学方面的改革主要是从传统的课堂教学向实践教学转变；教材方面的改革主要是针对行业发展需求进行教材的更新和修订；教师方面的改革主要是加强师资队伍建设和培训，提高教师的教学能力和专业素养。高职三教改革对于校企合作模式的适应性分析主要包括以下几个方面。

一、实践教学与校企合作的契合

高职三教改革强调实践教学，这与校企合作模式紧密相关。实践教学需要通过实习、实训、实践项目等方式来实现，而校企合作模式可以为学生提供更多实践机会。通过校企合作模式，学生可以在企业中实践所学，了解实际工作流程和技能要求，提高实践能力和职业素养。因此，高职三教改革与校企合作模式之间具有很好的契合度。

（一）高职三教改革强调实践教学

高职三教改革是当前中国高职教育改革的重要方向之一，其目标是打造高质量的职业教育体系，满足社会和经济发展对人才的需求。其中教学改革是其核心和基础。高职三教改革主张将教育教学与现代产业密切结合，实现校企深度融合，注重实践教学，培养能够适应现代产业发展的高素质应用型人才。

实践教学是高职三教改革的重要组成部分，是将理论知识与实践技能相结合的过程。实践教学的核心在于将学生置身于实际工作环境中，让他们通过实践活动学习专业知识和技能，提高职业素养和实际操作能力。高职三教改革要求高职院校通过实践教学来培养学生的职业能力和实践能力，让学生能够胜任各种工作，并为经济社会发展做出贡献。

（二）校企合作模式为实践教学提供了重要支持

校企合作模式是指高校与企业之间的合作关系，通过建立校企合作关系，高校可以为企业提供高素质的人才，同时，学生也可以通过与企业的合作学习专业知识和技能，提高实践能力和职业素养。校企合作模式已经成为高校开展实践教学的重要途径之一。

校企合作模式为高职三教改革的实践教学提供了重要支持。实践教学需要通过实习、实训、实践项目等方式来实现，而校企合作模式可以为学生提供更多的实践机会。通过校企合作模式，学生可以在企业中实践所学，了解实际工作流程和技能要求，提高实践能力和职业素养。同时，校企合作也可以帮助学校更好地了解企业需求，调整专业设置和课程内容，提高毕业生就业率和质量。

（三）实践教学与校企合作的融合提高了实践教学的质量

实践教学和校企合作的融合可以提高实践教学的质量。通过与企业的合作，学生可以接触到更加真实的工作环境和工作流程，面对真实的问题和挑战。这有助于学生更好地掌握专业知识和技能，并将其应用于实践中。同时，学生还可以通过与企业的合作，接触到先进的技术和管理模式，了解企业的需求和市场动态，提高自身的综合素质和竞争力。

校企合作模式还可以促进教学资源的共享和优化。通过与企业的合作，高校可以更好地了解企业的需求，调整专业设置和课程内容，提高教学质量和教学效果。同时，高校还可以将企业的实践经验和技术资源引入教学中，丰富教学内容和形式，提高教学质量和实效。

此外，校企合作模式还可以促进教师与企业骨干的互动和交流。通过与企业骨干的交流和合作，教师可以了解企业的需求和市场动态，提高教学水平和实践经验。同时，企业骨干也可以为教师提供实践经验和技术支持，提高教学质量和教学效果。

实践教学和校企合作的融合具有重要的意义和价值。通过校企合作模式，可以为学生提供更多的实践机会，提高实践能力和职业素养；同时，也可以促进教学资源的共享和优化，提高教学质量和效果。因此，高校应该进一步加强与企业的合作，不断完善校企合作模式，推动实践教学和校企合作的深入融合。

二、教材更新和修订与校企合作的紧密联系

要充分发挥教材在培养高素质技术技能型人才中的基础性作用，教材建设就必须以岗位分析为基础，并融入行业发展前沿，必须加强产教融合、校企合作，发挥企业的力量。教育部要求教材建设必须以习近平新时代中国特色社会主义思想为指导，深入贯彻党的十九大精神和全国教育大会部署，落实党中央、国务院关于教材建设的决策部署和《国家职业教育改革实施方案》的有关要求，突出职业教育的类型特点。然而，一段时间以来，受传统教材等因素的影响和制约，当前很多职业教育教材的体例和内容还不能满足课程改革以及学习者的实际需求。同时，教材的重要性被课程改革与建设的光环所遮蔽，教材与课程之间相辅相成的作用发挥不明显。同时，在教材编写过程中，多数企业往往出于对自身的生产成本、即时收益率、技术保密等方面的考虑，参与教材编写的积极性并不高，鲜少有企业真正深度参与教材建设。目前，市场中高职教育教材的数量多，质量却参差不齐，高质量、符合高职院校教学需求、符合学习者实际需要的寥寥无几，多数教材在教学内容呈现上都具有重理论、轻实践的特点，采用真实工作任务、典型工作任务进行教学单元设计的不多，在教材的形式上还是以传统的文字和印刷为主，不能满足高职现行教学改

革和学生学习的需要，从而影响了高职院校的教学质量。长期以来，高职院校使用的教材真正贴合专业需要并能让学习者乐用且觉得实用好用的并不多，多数教材都属于以下四种类型：一是直接对本科教材进行简单删减，二是沿用以往的大专或中专教材，三是自编或联合编写的讲义或教材，四是对企业的培训资料进行简单梳理形成的教材。四类教材的主要特点如下。

（一）直接对本科教材进行简单删减

高职教育从20世纪90年代开始得到了突飞猛进的发展，近三十年来特别是党的十八大以后取得了令人瞩目的发展成绩，随着职教本科的获批，高职教育已然迈向了类型教育的发展时代。但因起步时间晚，高职院校的很多教师，都是直接从应届本科生或研究生中聘用的青年教师。这部分教师因自身未接触过职业教育，也缺乏企业工作经验，对高职教育特殊性的了解相对不足，对行业企业所需要的一线高素质职业技术人才的技能需求和教学规律的适用都未有深入分析和了解，对于职业能力如何提升、职业素养如何养成还缺乏系统认知，驾驭职业教育教材的能力较差。这部分教师出于对本科教材的熟悉和认可，在选用教材时会倾向于本科教材，针对难度较大的知识点进行部分删减。这类教材大多数注重理论知识的展示，而未针对高职专业的需要和高职学生的特点，难以体现高职教育的结合现实的特色和要求，缺乏对学生能力、技能的培养，无法达成知识目标、能力目标和素质目标，因此常为教师的教学带来很大的困难。专业需要用的知识点涉及不够，而用不上的高深理论又让学生学习困难，长此以往可能导致学生产生畏难情绪，严重影响教学质量。

（二）沿用以往的大专或中专教材

20世纪90年代以来，很多高职院校是在中专院校的基础上发展起来的，包括大专学校改为高职院校的很多院校中，不少老教师受原来教学理念影响极为明显，教学中采用原中专、大专教材。这类教材的弊端在于对教学内容体系的构建及对"应用"特征的把握存在不足，难以达到高职院校教学的基本要求，也无法提高学生的实践动手能力和创新能力；对于现代企业中的真实生产项目、典型工作任务、典型案例缺乏深入调研，缺乏岗位技能要求、职业技能等级证书标准等有关内容，无法反映出行业企业的新知识、新技术、新工艺和新方法，更缺乏将任务和项目梳理为知识点和技能点的做法，从而与书证融通的要求以及高素质培养目标的达成存在差距。

（三）自编或联合编写的讲义或教材

近年来，很多高职院校对于教材的重视程度越来越高，也逐步将教材作为独立的教育要求进行有针对性的要求和建设。在认真领会教材评选等相关文件精神的基础上，各大出版社与高职院校纷纷组织教学经验丰富的师资团队开展教材撰写工作，并明确提出必须加强新形态教材建设，不仅要在设计上多采取项目驱动、任务引领等模式，而且内容方面要加强对典型工作任务和学习情境的设计，体现知识点的项目化。相较于传统教材，这类教材已经很符合高职院校的教学特点，能满足高职院校对人才培养工作的现实需要。但这类教材也存在不足之处：很多编撰教材的教师缺乏行业一线的生产工作经验，用到的典型工作过程或者案例等都未能体现时代特色和产业发展特点，所编写的教材往往跟不上时代的飞速发展和产业的更新迭代，缺少一定的前瞻性，无法满足企业的岗位需求。

（四）对企业的培训资料进行简单梳理形成的教材

现阶段，也有不少院校为了专业的发展，从企业聘请能工巧匠担任专业课教师。这些教师对于行业前沿发展、真实工作任务和典型案例相对比较了解，也具备较高的技能水平，对于企业培训比较熟悉。这类教师对企业培训的教材比较熟悉并能经过简单的编辑和加工后将其改编成高职教育教材，从教材体例上也能清晰看出课程学习所对应的职业能力，然而由于缺乏对学生认知水平提升基本规律的掌握，对于如何分析工作领域的具体任务，如何梳理职业能力并将其模块化处理，以形成学习者的学习任务的教材编写路径的把握不足，其编写的教材更适合有一定工作经验的企业员工，而非在校学生。

由于高职院校师资队伍的自身原因、学校重课程建设轻教材建设以及校企合作不深入等，目前市面上可供高职院校使用的教材虽然数量比较多，也不乏工作手册式、活页式等形态的新型教材，但真正体现以就业为导向、真正贴合高职院校学习者实际需求的教材比较匮乏。因此，在深化校企合作的背景下，高职院校应加强对校企合作教材开发模式的建设，提高对教材建设的认识，加大教材开发的研究力度，真正将高质量教材引入课堂，助力学生的成长发展。

三、教师培训和教学能力提升对校企合作的作用

高职三教改革还强调教师的培训和教学能力提升，这对于校企合作的实施和推进具有重要的支撑作用。教师是校企合作中的重要参与者和推动者，他们需要具备行业背景知识和实践经验才能更好地指导学生参与校企合作项目。因此，教师培训和教学能力提升对于校企合作的顺利实施和有效推进至关重要。

（一）教师培训和教学能力提升是高职三教改革的核心内容

高职三教改革的核心内容是"教育与产业融合、教学与实践相结合、课程与岗位贴近"，其中教育与产业融合是关键。实现教育与产业融合需要依靠高素质的教师队伍，而教师培训和教学能力提升是实现高素质教师队伍的关键。

教师培训和教学能力提升是高职三教改革的核心内容之一，它可以帮助教师不断提高教学能力和职业素养，适应新的教育理念和教学模式，更好地开展实践教学和校企合作。

（二）教师培训和教学能力提升对于校企合作的实施和推进具有重要的支撑作用

教师是校企合作中的重要参与者和推动者，他们需要具备行业背景知识和实践经验，才能够更好地指导学生参与校企合作项目。教师培训和教学能力提升对于校企合作的顺利实施和有效推进至关重要。

1. 教师培训可以提升教师的行业背景知识和实践经验

通过教师培训，教师可以接受行业背景知识和实践经验的培训，了解最新的技术和趋

势，进一步提高自身的实践能力和职业素养，为校企合作的实施和推进提供有力支持。

2.教学能力提升可以提高教师的教学水平和指导能力

教学能力是教师参与校企合作的关键能力之一。通过教学能力提升，教师可以更好地指导学生参与校企合作项目，提高学生的实践能力和职业素养，为学生的就业创业打下坚实的基础。

3.教师培训和教学能力提升可以促进教师与企业之间的交流与合作

教师培训和教学能力提升可以促进教师与企业之间的交流与合作，了解企业的需求和动态，更好地把握产业发展趋势和技术。

四、学生就业与校企合作的联系

高职三教改革还强化了高职院校的毕业生就业指导和服务工作，要求高职院校与企业建立更紧密的联系，促进毕业生就业。而校企合作模式恰恰可以提供更多的实践机会和就业机会，为高职院校的毕业生提供更好的就业保障。

（一）实习机会

校企合作模式可以为高职院校的学生提供更多的实习机会。企业可以为高职院校的学生提供实习岗位，让学生在企业中实习，接触实际工作，提高实践能力和职业素养。实习期间，学生可以通过与企业员工的交流，了解企业的文化和运作模式，为将来就业做好准备。

为学生提供实习机会。高职院校的学生在校期间接触到的大多数是理论知识，而实习是将这些知识付诸实践的重要途径。在实习期间，学生可以接触到实际工作中的问题，了解企业的管理方式和文化，了解行业的发展动态，提高实践能力和职业素养。通过实习，学生可以更好地了解自己的职业定位和发展方向，为将来就业打下基础。

提高企业的人才储备。企业为高职院校的学生提供实习机会，不仅可以为学生提供实践机会，同时也可以借此机会挖掘人才储备。在实习期间，企业可以评估学生的实际能力和潜力，为将来的招聘提供候选人。

促进产教融合。校企合作的实习机会可以促进产教融合。学生在企业实习期间，不仅可以了解企业的运作模式和行业发展动态，同时也可以为企业提供一些新的思路和想法。企业可以借此机会吸收新思想，不断提升自身的竞争力。

提高教育教学质量。通过实习机会，高职院校可以为学生提供更多的实践机会，提高教育教学质量。学生通过实践可以更好地理解理论知识，并将其应用到实际工作中。这样可以有效地提高学生的综合能力，从而提高教育教学质量。

强化校企合作。实习机会是校企合作的一个重要方面，通过提供实习机会，可以增强双方的合作关系。高职院校和企业可以在实习期间进行交流和合作，了解彼此的需求和实际情况，进一步推进校企合作。

实习机会是校企合作的重要组成部分。高职院校和企业应该共同努力，为学生提供更多的实习机会，让学生能更好地了解行业动态和企业文化，提高实践能力和职业素养，为未来就业打下坚实基础。同时，校企合作也可以促进高职院校和企业之间的相互了解和信任，推动教育教学和企业发展的深度融合。通过实践教学的方式，高职院校可以更好地适应产业发展的需求，培养更多高素质应用型人才，为社会和经济的发展做出应有的贡献。

（二）职业导向教育

校企合作模式可以促进高职院校开展职业导向教育，帮助学生更好地了解不同职业领域的特点和要求，为将来就业做好准备。企业可以向高职院校提供就业市场的信息和要求，帮助高职院校更好地调整教学内容和方向，培养更符合市场需求的人才。

1. 职业导向教育的重要性

职业导向教育是指通过教育手段，帮助学生更好地了解职业领域的特点和要求，为将来的就业做好准备。职业导向教育的目的是让学生掌握就业所需的知识和技能，提高职业素质和竞争力。在当前激烈的就业市场中，职业导向教育显得尤为重要。高职院校与企业合作，可以通过校企合作模式，推动职业导向教育的开展，为学生提供更好的职业规划和发展方向。

2. 校企合作模式下的职业导向教育

（1）企业提供就业市场信息和要求

在校企合作中，企业可以向高职院校提供就业市场的信息和要求，帮助高职院校更好地调整教学内容和方向，培养更符合市场需求的人才。通过了解企业的需求，高职院校可以针对企业的要求调整教学内容和方向，培养更具竞争力的人才。

（2）企业提供职业实践机会

企业可以为高职院校的学生提供实习和就业机会，让学生接触实际工作环境，了解企业文化和行业特点，提高职业素养和实践能力。通过实践活动，学生可以更好地了解职业领域的要求和特点，为就业做好准备。

（3）教师与企业员工的交流

高职院校的教师可以与企业员工进行交流和合作，了解企业的运作模式和行业趋势。教师可以将这些信息和经验融入教学中，帮助学生更好地了解行业动态和市场需求，提高职业素质和竞争力。

（4）校企联合开设课程

高职院校和企业可以联合开设职业课程，让学生更深入地了解职业领域的要求和特点，提高职业素质和实践能力。联合开设课程，可以让学生更直接地接触企业和市场需求，更好地了解职业领域的现状和未来发展趋势。

3. 职业导向教育的实施方法

（1）确定目标

在开展职业导向教育时，高职院校和企业需要确定具体的目标和方向，明确培养什么样的人才，并针对不同专业和行业的需求制订相应的教学计划和课程设置。

（2）职业规划课程

高职院校可以开设职业规划课程，帮助学生更好地了解自己的职业兴趣和能力，并了解不同职业领域的特点和要求。课程设置可以包括职业生涯规划、行业动态分析、职业技能培养等内容。

（3）实践教学

实践教学是职业导向教育的重要组成部分，通过实践活动，让学生更好地了解行业需求和企业文化。高职院校可以与企业合作，为学生提供实践教学机会，让学生在实际工作中锻炼自身能力和积累丰富的经验。

（4）职业咨询服务

高职院校可以建立职业咨询服务机构，为学生提供职业规划和咨询服务。咨询服务可以包括就业市场分析、职业规划指导、求职技巧培训等内容，帮助学生更好地适应市场需求。

（5）行业导师计划

高职院校可以邀请行业内的专业人士担任学生的导师，为学生提供行业内部的指导和建议。行业导师可以通过帮助学生制定职业规划和提供职业指导等方式，帮助学生更好地适应市场需求，实现职业发展。

职业导向教育是高职院校校企合作的重要内容，高职院校和企业需要共同努力，为学生提供更好的职业教育和就业服务，培养更多适应市场需求的人才。

（三）就业机会

校企合作模式可以为高职院校的学生提供更多就业机会。企业可以优先考虑招聘高职院校的毕业生，将高职院校的学生纳入企业的招聘范围，为高职院校的毕业生提供更多就业机会。此外，企业也可以为高职院校的学生提供创业支持，帮助学生创业，提高就业率。

1. 提供实习机会

企业可以向高职院校提供实习机会，让学生在企业中实习，接触实际工作，提高实践能力和职业素养。通过实习，学生可以更好地了解职业岗位的工作内容、工作环境、工作要求等，对未来的就业起到很好的指导作用。同时，实习期间学生也可以通过与企业员工的交流，了解企业的文化和运作模式，为将来的就业做好准备。企业可以根据实习生的表现和实习成果，考虑是否录用实习生，这样可以为高职院校的学生提供更多就业机会。

2. 提供职业导向教育

企业可以向高职院校提供就业市场的信息和要求，帮助高职院校更好地调整教学内容和方向，培养更符合市场需求的人才。同时，企业也可以向高职院校提供职业导向教育，帮助学生更好地了解不同职业领域的特点和要求，为将来就业做好准备。企业可以邀请相关行业专业人士来高职院校举办讲座和交流，让学生更好地了解职业岗位的现状和未来发展趋势，为学生提供更多就业机会。

3. 提供人才培养

企业可以与高职院校合作，共同开展人才培养项目，培养符合企业需要的人才。企业可以为高职院校的学生提供专业技能培训、实践操作培训等，帮助学生更好地掌握所学专业技能，为将来就业做好准备。同时，企业也可以为高职院校的学生提供就业机会，为高职院校的毕业生提供更多的就业机会。

4. 提供创业支持

除了提供就业机会和专业技能培训，企业还可以为高职院校的学生提供创业支持。创业支持可以包括提供创业资金、技术支持、市场资源等，帮助学生实现自己的创业梦想。

与高职院校合作开展人才培养项目可以为企业提供更多的人才资源。企业可以通过人才培养项目来培养符合自身需求的人才，帮助企业更好地适应市场变化和发展需求。同时，通过与高职院校合作开展人才培养项目，企业还可以增强自身的社会责任感和公益意识，为社会做出更大贡献。

企业与高职院校的合作可以为高职院校的学生提供更多的就业机会、专业技能培训和创业支持，同时也可以为企业提供更多的人才资源，帮助企业更好地适应市场需求。

第二节　校企合作模式对高职三教改革的促进作用

高职三教改革是指高职教育中的三个方面的改革，即教学改革、人才培养改革和服务社会经济发展改革。校企合作作为高职教育中的一种重要教育模式，对高职三教改革起着重要的促进作用。

一、教学改革

教学改革是高职三教改革的重要内容之一。在教学方面，高职院校需要根据市场需求和人才培养目标，对课程设置、教学方法、教学手段等方面进行改革创新。而校企合作模式可以提供学生实践教学和技能培训的机会，使学生能更好地将理论知识应用于实践中。此外，校企合作模式还可以帮助高职院校更新教学内容，以适应市场需求和行业发展趋势。因此，校企合作模式对高职教育的教学改革起着积极的促进作用。

（一）提供实践教学机会

实践教学是高职教育的重要组成部分，是将理论知识与实践技能相结合的过程。校企合作模式可以为高职院校的学生提供更多的实践教学机会。企业可以为高职院校的学生提供实习岗位，让学生在企业中实习，接触实际工作，提高实践能力和职业素养。实习期间，学生可以通过与企业员工的交流，了解企业的文化和运作模式，为将来就业做好准备。

实践教学的核心在于将学生置身于实际工作环境中，让他们通过实践活动学习专业知识和技能，提高职业素养和实际操作能力。通过校企合作模式，企业可以为高职院校的学生提供真实的实践环境和职业能力培训，从而让学生更好地适应现代产业发展的需要。

（二）提供实用技能培训

随着职业要求的提高，高职院校需要培养更为专业化、实用化的人才。校企合作模式可以为高职院校的学生提供实用技能培训。企业可以根据自身业务需求，为高职院校的学生提供专业技能培训、实践操作培训等，让学生更好地掌握所学专业技能，提高实际操作能力。企业的实用技能培训可以与高职院校的教学相结合，让学生更好地将所学知识运用于实践中，更好地适应市场需求和行业发展趋势。

（三）更新教学内容

校企合作模式可以帮助高职院校更新教学内容，以适应市场需求和行业发展趋势。企业可以向高职院校提供行业前沿的信息和需求，帮助高职院校调整课程设置和教学内容，让学生学到更加实用的知识和技能。同时，企业也可以为高职院校的教师提供实践机会，让教师更好地了解行业动态和市场需求，从而更好地指导学生。

校企合作模式对高职三教改革的教学改革具有积极的促进作用。高职院校和企业应该共同努力，加强校企合作，推动高职教育的教学改革，培养更为实用化、专业化的人才，为社会和经济发展做出贡献。

二、人才培养改革

人才培养是高职三教改革的核心内容之一。高职院校需要培养具备实践能力、创新精神和职业素养的高素质人才，以适应社会和行业的需求。而校企合作模式可以为学生提供更加实际的培训机会，帮助学生更好地了解行业需求，掌握实践技能。同时，校企合作模式还可以提高高职教育的就业率，使学生更容易融入社会。因此，校企合作模式对高职教育的人才培养改革起着重要的促进作用。

（一）校企合作模式的人才培养改革作用

1. 实践能力的提升

高职教育的一项重要任务是培养具有实践能力的人才。而校企合作模式可以为高职院校的学生提供更加实际的培训机会，让学生接触到真实的工作环境和业务操作，从而更好地了解实践技能和职业要求。在校企合作的过程中，企业可以为高职院校的学生提供实践机会，让他们在实际工作中掌握专业技能，提高实践能力。

2. 创新精神的培养

校企合作模式可以为高职院校的学生提供更广阔的视野和更多的创新机会。企业在不断创新的同时，也需要具备创新能力的人才。在校企合作的过程中，学生可以了解企业的创新模式和创新思路，通过与企业员工的交流和合作，培养自己的创新精神。

3. 职业素养的提高

高职教育的另一项重要任务是培养具有职业素养的人才，而校企合作模式可以帮助学生更好地了解职业要求和职业道德规范。企业在日常工作中需要员工具备一定的职业素养，如诚信、团队合作和责任心等。在校企合作的过程中，学生可以了解企业的职业要求和职业道德规范，从而提高自己的职业素养。

4. 就业率的提高

高职院校需要为学生提供更多的就业机会，而校企合作模式可以帮助高职院校提高就业率。企业可以优先考虑招聘高职院校的毕业生，为高职院校的毕业生提供更多的就业机会。同时，校企合作模式可以帮助学生更好地了解职业需求和市场变化，从而更好地适应就业市场。

（二）校企合作模式对人才培养改革的具体作用

1. 提高教育质量

校企合作模式可以帮助高职院校更新教学内容，以适应市场需求和行业发展趋势，从而提高教育质量。企业可以为高职院校提供最新的行业信息和技术知识，帮助高职院校调整课程设置和教学方案，确保学生掌握的知识和技能符合市场需求。

2. 提高学生实践能力

校企合作模式可以为学生提供更加实际的培训机会，帮助学生更好地了解行业需求，掌握实践技能，提高实践能力。企业可以为高职院校的学生提供实习和实践机会，让学生接触真实的工作环境，锻炼实际操作能力，培养职业素养。

3. 提高学生就业率

校企合作模式可以为高职院校的毕业生提供更多的就业机会，提高学生就业率。企业可以向高职院校提供就业市场的信息和要求，为高职院校的毕业生提供就业机会，也可以为学生提供创业支持，帮助学生创业。

4. 提高教育效率

校企合作模式可以提高高职院校的教育效率。企业可以为高职院校的学生提供实习机会，让学生在实践中学习，减轻高职院校的教学负担，提高教学效率。同时，企业还可以为高职院校提供实验设备、教学场地等资源，帮助高职院校提高教学效率。

5. 促进教师与企业员工的交流

校企合作模式可以促进高职院校的教师与企业员工的交流，从而提高教师的教学水平和企业员工的职业素养。教师可以通过参加企业的培训和实践活动，了解最新的行业信息和技术知识，从而更好地教授相关课程，企业员工可以通过与高职院校的教师交流，了解教学方法和教学资源，提高职业素养。

校企合作模式对高职三教改革的人才培养改革具有重要的促进作用。通过校企合作，可以提高教育质量，提高学生实践能力，提高学生就业率，提高教育效率，促进教师与企业员工的交流，推动高职教育向更加实用化和职业化的方向发展。

三、服务社会经济发展改革

高职院校作为培养技能型、应用型人才的重要基地，应该密切关注社会和经济发展的需求，将人才培养与社会经济发展需求紧密结合起来，为社会提供优质的服务和支持，这也是高职三教改革的核心目标之一。而校企合作模式则是实现这一目标的重要手段之一。

（一）校企合作促进技术创新和产业升级

校企合作模式可以帮助企业利用高职院校的专业知识和技术资源，推动技术创新和产业升级。通过校企合作，企业可以与高职院校共同研发新产品、新技术、新材料等，提升企业的技术水平和市场竞争力。同时，高职院校也可以借助企业的生产实践，对教学内容和方法进行优化和改进，提升教学质量和学生就业竞争力。

1. 校企合作促进了技术创新

（1）促进科技研发

校企合作可以促进企业的科技研发。高职院校具备一定的科研实力和研发能力，可以为企业提供技术支持和解决方案。企业可以通过与高职院校合作开展技术研发，加速产品和技术的研发进程，提高企业的创新能力和市场竞争力。

（2）共同研发新产品

校企合作可以为企业提供新产品研发的技术支持。高职院校的专业知识和技术资源可以为企业研发新产品提供重要的支持。双方可以共同研发新产品，使企业产品更具竞争力。

（3）培养高素质科技人才

校企合作可以培养高素质科技人才，提供更多具有创新精神和实践能力的科技人才。高职院校可以通过实践教学和校企合作模式，让学生更好地掌握技术应用能力，培养更多的优秀科技人才，为企业的技术创新提供更多人力支持。

2. 校企合作促进了产业升级

（1）加速产业升级

校企合作可以促进企业的产业升级。高职院校的专业知识和技术资源可以为企业的生产和管理提供重要的支持。企业可以通过与高职院校合作，掌握更为先进的技术和管理模式，加速产业升级步伐。

（2）推进产业结构调整

校企合作可以推进产业结构的调整。高职院校的教育和科研资源可以帮助企业进行市场和产业结构调整，掌握新的市场和技术趋势，开拓新的市场空间。

（3）优化产品和服务

校企合作可以帮助企业优化产品和服务。高职院校可以为企业提供市场调研、产品设计和服务优化等方面的支持，帮助企业更好地满足客户需求，提高产品质量和服务水平。

3. 校企合作的具体实施方式

（1）共同研发项目

校企合作可以通过共同研发项目实现技术创新和产业升级。双方可以共同制订研发计划和研发方案，进行合作研发。企业可以提供技术需求和市场反馈，高职院校可以提供技术支持和人才培养。通过共同研发，双方可以共享技术成果，提升企业技术水平，同时也可以提高高职院校的教学质量和学生的就业竞争力。

（2）实习实训基地建设

企业可以为高职院校提供实习实训基地，为学生提供实践机会。同时，企业可以为高职院校的实习实训提供指导和支持，帮助学生更好地掌握实践技能。高职院校也可以为企业提供优质的人才资源，满足企业的用人需求。

（3）专业技能培训

企业可以为高职院校的学生提供专业技能培训，帮助学生更好地掌握所学专业技能。高职院校可以根据企业的需求，安排相应的课程和培训计划，为学生提供实用的技能培训。通过专业技能培训，企业可以获得更加优秀的员工，高职院校也可以提高教学质量和学生的就业竞争力。

（4）就业推荐和创业支持

企业可以为高职院校的毕业生提供就业机会，为学生提供更多的就业选择。同时，企业也可以为学生提供创业支持，帮助学生创业。高职院校也可以为企业提供优秀的人才资源，满足企业的用人需求。

校企合作是高职教育中重要的一环。通过校企合作，高职院校和企业可以共同推动教育、科研和产业的发展，为培养更多高素质的应用型人才做出贡献。

（二）校企合作促进人才培养和就业

校企合作模式可以为学生提供更多的实践和就业机会，促进学生的职业发展和就业。通过校企合作，企业可以为学生提供实习、实训、项目开发等机会，帮助学生提高实践能力和职业素养，增强就业竞争力。同时，学生在实践中还可以接触到最新的技术和市场需求，更好地了解职业发展方向和就业前景，为未来的职业生涯打下基础。

1. 实践教学机会的提供

校企合作可以为学生提供更多的实践教学机会，让学生在实际工作中获得更多的经验和技能。企业可以为高职院校的学生提供实习、实训、项目开发等机会，让学生接触到真实的工作环境和业务操作，让他们从实践中学习知识和技能，提高实际操作能力和职业素养。

在实践教学中，学生可以与企业员工和业界专家交流互动，了解业界的最新技术和市场需求，为学生的职业发展和就业提供重要的支持和帮助。

2. 职业技能培训的提供

校企合作可以为学生提供更为专业化、实用化的职业技能培训。企业可以根据自身业务需求，为高职院校的学生提供专业技能培训、实践操作培训等，让学生更好地掌握所学专业技能，为将来就业做好准备。

在职业技能培训中，学生可以学习到行业内最新、最实用的技能和知识，提高职业素养和实际操作能力，这有助于提高学生在就业市场上的竞争力和吸引力。

3. 就业机会的提供

校企合作可以为高职院校的毕业生提供更多就业机会。企业可以优先考虑招聘高职院校的毕业生，将高职院校的学生纳入企业的招聘范围，为高职院校的毕业生提供更多的就业机会。此外，企业还可以为高职院校的学生提供创业支持，帮助学生创业，提高就业率。

通过校企合作，学生可以更加深入地了解行业内的就业动态和机会，提前了解就业市场的需求和趋势，为未来的职业发展做好规划和准备。

4. 就业能力的提升

校企合作可以为学生提供更多机会和资源，促进学生的职业发展和就业。在校企合作中，学生可以了解行业内的就业要求和技能需求，掌握实践技能和职业素养，提高就业能力和竞争力。

通过校企合作，学生可以学习企业的组织管理和业务流程，了解企业文化和企业文化的价值观，培养与企业契合的职业素养。在校企合作项目中，学生需要参与到真实的项目中，与企业员工合作，了解企业的运作模式和管理方法，提高团队合作能力和沟通能力。这些能力的提升都有助于学生更好地适应职场环境，应对各种职业挑战。

同时，校企合作可以提供更多的就业机会。企业可以为高职院校的学生提供实习和就业机会，为学生提供更多的职业发展选择和机会。而学生在实习期间，可以通过与企业员工的交流和合作，了解不同职业领域的特点和要求，为将来的就业做好准备。

此外，校企合作还可以为学生提供职业指导和辅导服务。企业可以为学生提供职业指导和辅导服务，帮助学生了解职业发展的趋势和方向，提供个人职业规划和发展建议，指导学生在职业发展中获得更好的机会和成就。

校企合作可以为学生提供更多的实践和就业机会，促进学生的职业发展和就业能力的提升。通过校企合作，学生可以掌握实践技能和职业素养，了解职场环境和企业文化，提高就业竞争力和发展潜力。

（三）校企合作促进社会创新和创业

校企合作模式可以为社会创新和创业注入新的动力。通过校企合作，高职院校和企业可以共同研发新产品、新技术、新材料等，帮助企业实现技术创新和产业升级。同时，学生在校企合作项目中还可以接触到创新创业的实践机会，掌握创新创业的基本技能和方法，为未来创新创业奠定坚实的基础。

1. 校企合作对社会创新的促进

（1）共同研发项目

校企合作可以通过共同研发项目来推动社会创新。企业和高职院校可以共同开展研究和创新项目，探索新的技术和应用，为社会创新提供新的动力。在这个过程中，企业可以利用高职院校的专业知识和技术资源，拓展自己的技术应用领域，提高自身的技术水平和市场竞争力。同时，高职院校也可以从企业的实践中汲取新的教学资源和经验，提高教学质量和学生就业竞争力。

（2）创新创业平台

校企合作可以建立创新创业平台，为社会创新提供支持和平台。通过平台的建立，企业可以与高职院校共同探索新的商业模式、产品和技术，创造新的商业价值。高职院校可以为创新创业团队提供技术支持、人才培训和管理咨询等服务，帮助创新创业团队实现创业目标和价值。通过校企合作建立的创新创业平台，可以为社会创新提供更加便利和多样化的服务和支持。

（3）技术转化和产业化

校企合作可以帮助技术转化和产业化，为社会创新提供更多的市场机会。通过校企合作，高职院校可以与企业共同开发新的技术和产品，并将其应用于市场。企业可以将新的技术和产品转化为商业产品，并通过市场销售和推广，为社会创新注入新的动力和活力。同时，高职院校和企业还可以共同开发新的产业，提高产业水平和市场竞争力，为社会经济发展做出贡献。

2.校企合作对创业的促进

（1）提供创业支持

校企合作可以为学生提供创业支持，帮助学生创业，提高创业成功率。企业可以为学生提供创业指导和支持，帮助学生了解创业市场和创业流程，提高创业技能和经验。同时，高职院校可以为学生提供创业课程和创业实践机会，帮助学生掌握创业基础知识和技能，增强创业信心和能力。

（2）提供创业资源

校企合作可以为学生提供创业资源，促进学生的创业发展。企业可以提供创业资金、场地、设备等资源，帮助学生创业，降低创业成本和风险。同时，高职院校可以为学生提供创业基地、孵化器等资源，帮助学生开展创业活动，提供创业支持和服务。

（3）创新创业教育

校企合作可以促进高职院校的创新创业教育，帮助学生更好地了解创新创业的知识和技能。企业可以为高职院校的学生提供创新创业教育资源和平台，帮助学生了解创新创业的实践操作和市场需求。同时，高职院校可以将创新创业教育融入教学中，提高学生的创新创业能力和素质。

（4）社会资源整合

校企合作可以整合社会资源，促进创业发展。企业可以为高职院校的学生提供社会资源，帮助学生了解行业发展动态和市场趋势。同时，高职院校可以利用企业的社会资源，扩大创新创业教育和实践的范围和深度，促进创业发展。

校企合作模式可以为社会创新和创业注入新的动力，为学生提供创业支持和资源，帮助学生掌握创业技能和经验，提高创业成功率和竞争力。同时，校企合作还可以促进创新创业教育，整合社会资源，促进创业发展。

（四）校企合作促进产学研一体化

校企合作模式可以促进产学研一体化，实现产学研有机结合。通过校企合作，企业可以与高职院校和科研机构共同开展科技创新和产业升级，同时高职院校和科研机构也能够更加深入地了解产业的需求和发展趋势，更好地指导科研工作。具体来说，校企合作对产学研一体化的促进主要表现在以下几个方面。

1. 实现技术创新与产业需求的有机结合

校企合作可以使高职院校和科研机构更好地了解企业的技术需求，针对性地开展科研工作，提高科研成果的实用性和适应性。同时，企业也可以通过校企合作获取高职院校和科研机构的专业技术支持，共同开展技术创新和产业升级。

（1）促进科研成果的实用性和适应性

校企合作可以使高职院校和科研机构更好地了解企业的技术需求，有针对性地开展科研工作，提高科研成果的实用性和适应性。企业可以向高职院校和科研机构提供实际需求和问题，帮助他们调整研究方向和研究内容，提高研究成果的实际应用价值。

（2）共同开展技术创新和产业升级

校企合作可以使高职院校、科研机构和企业共同开展技术创新和产业升级。高职院校和科研机构可以为企业提供技术支持和咨询服务，协助企业开展技术创新和产业升级。企业也可以向高职院校和科研机构提供技术支持和研发经费，共同推动技术创新和产业升级。

（3）提高技术转化和产业化水平

校企合作可以提高科技成果的转化和产业化水平。高职院校和科研机构可以通过校企合作，将科研成果转化为实际应用，进一步推动产业升级和转型。企业也可以通过校企合作，将自身的技术优势转化为实际产品和服务，提高市场竞争力。

（4）促进人才培养和职业发展

校企合作可以促进人才培养和职业发展。高职院校可以通过校企合作，让学生接触到最新的技术和市场需求，提高实践能力和职业素养，增强就业竞争力。同时，校企合作也可以为学生提供实习、实训、项目开发等机会，促进学生的职业发展和就业。

校企合作可以使高职院校、科研机构和企业之间实现技术创新和产业需求的有机结合，促进科技成果转化和产业升级，提高教育质量和学生就业竞争力，促进人才培养和职业发展。在未来的发展中，应该进一步深化校企合作模式，创新合作模式和方法，加强交流合作，以推动产学研用深度融合，助力国家经济发展和人才培养。

2. 提高科研成果的产业化和推广应用能力

校企合作可以促进科研成果的产业化和推广应用能力，实现科技成果转化为实际产品或服务的过程。通过校企合作，高职院校和科研机构可以将研究成果应用于企业的生产实践中，验证成果的实用性和可行性，促进科研成果的推广和应用。

（1）实现科技成果转化

校企合作可以促进科技成果的转化和产业化。高职院校和科研机构通过与企业的合作，能够更好地了解市场需求和技术发展趋势，将科研成果转化为实际的产品或服务。企业可以提供生产实践平台和资金支持，帮助高职院校和科研机构实现科技成果的转化。

（2）提高产业化水平

校企合作可以提高科研成果的产业化水平。高职院校和科研机构通过与企业的合作，可以将科研成果应用于企业的生产实践中，验证成果的实用性和可行性，提高产业化水平。同时，企业也可以通过校企合作获取高职院校和科研机构的专业技术支持，提高自身的技术水平和产业化能力。

（3）推进科技成果的应用

校企合作可以促进科技成果的应用。高职院校和科研机构通过与企业的合作，可以将科技成果应用于企业的生产和服务中，为企业的发展提供有力的支持。同时，科研机构和高职院校也可以通过企业的反馈，不断优化和改进科技成果，推动科技成果的应用。

（4）加速技术创新和产业升级

校企合作可以加速技术创新和产业升级。高职院校和企业合作可以促进双方的技术创新和产业升级。一方面，高职院校和科研机构可以将研究成果与企业的生产实践相结合，探索新的技术应用领域，推动技术创新和产业升级。另一方面，企业可以向高职院校提出实际需求，共同研发新产品、新技术、新材料等，提高企业的技术水平和市场竞争力。校企合作模式还可以加强人才培养和职业发展，为行业的技术创新和产业升级提供更多人才支持。

具体来说，校企合作可以加速技术创新和产业升级的方面包括：第一，共同研发新产品、新技术、新材料等。高职院校和科研机构可以与企业合作，共同研发新产品、新技术、新材料等，以满足企业的市场需求和技术要求。双方可以共同制订研发计划和方案，充分发挥各自的技术优势和创新能力，加速技术创新和产业升级。第二，推动科研成果的转化和应用。高职院校和科研机构可以将研究成果与企业的生产实践相结合，探索新的技术应用领域，推动科研成果的转化和应用。通过校企合作，研究成果可以更快速地实现产业化，为企业的技术创新和产业升级提供更多的支持。第三，提供实践教育和技能培训。校企合作可以为学生提供实践教育和技能培训，帮助学生掌握实践技能和职业素养，为行业的技术创新和产业升级提供更多的人才支持。企业可以为学生提供实习、实训、项目开发等机会，让学生更好地将理论知识应用于实践中，增强就业竞争力和职业发展能力。第四，加强人才培养和职业发展。校企合作可以加强人才培养和职业发展，为行业的技术创新和产业升级提供更多人才支持。通过校企合作，学生可以了解行业内的就业要求和技能需求，掌握实践技能和职业素养，提高就业能力和竞争力。同时，学生在实践中还可以接触到最新的技术和市场需求，更好地了解职业发展方向和就业前景，为未来的职业生涯打下基础。

此外，企业还可以向高职院校提供专业技能培训、实践操作培训等，帮助学生更好地掌握所学专业技能，为将来的就业做好准备。企业还可以为高职院校的毕业生提供更多的就业机会。通过校企合作，高职院校和企业可以共同探讨人才培养方案和就业规划，为学生提供更好的职业发展和成长空间。

校企合作可以促进技术创新和产业升级，实现科技成果的转化和应用，促进企业的可持续发展；同时也可以为高职院校的学生提供更多的实践机会和就业机会，促进人才培养和职业发展，为社会提供更多的专业人才。

3.提高人才培养的实践性和应用性

校企合作可以为高职院校的学生提供更多的实践机会，增强学生的实践能力和职业素养，提高学生的就业竞争力。同时，企业也可以通过校企合作培养符合其需求的高素质人才，为企业发展注入新的血液。具体来说，校企合作可以采取以下措施来提高人才培养的实践性和应用性。第一，提供实践机会。校企合作可以为学生提供实践机会，让学生参与企业的实际生产和运营活动。通过实践，学生可以了解企业的业务流程和生产管理，掌握实践技能和职业素养，增强就业竞争力。第二，提供职业导向教育。校企合作可以为学生提供职业导向教育，帮助学生了解行业的发展趋势和就业市场的需求。通过职业导向教育，学生可以更好地掌握就业技能和职业素养，为未来的就业做好准备。第三，提供实用技能培训。校企合作可以为学生提供实用技能培训，让学生掌握行业内最新的技术和实践经验。通过实用技能培训，学生可以提高实践能力和职业素养，增强就业竞争力。第四，开展实践项目。校企合作可以开展实践项目，让学生在实际项目中掌握实践技能和职业素养。通过实践项目，学生可以了解行业内的实践需求和技能要求，提高实践能力和职业素养，增强就业竞争力。

四、教材改革

（一）以促进学生发展为本

近年来，高职教育事业得到了迅猛的发展，多种先进的教学理念、教学模式都被广泛引入高职课堂中，尤其是以生为本的现代化教育理念，获得了广大高职教师的一致认可，为教学改革打下了基础。因此相应地，高职院校也应在教材建设上有所创新、有所调整。在运行校企合作教材开发模式的前提下，院校及企业对教材的建设，应坚持以促进学生发展为本。即对于教材设计者及教师而言，学生并非被动接受知识的对象，即教材的受体，而是能够对教材进行能动实践、能动创造的主体，在这一前提下，教材建设不应仅追求对教育经验的完美预设，而应为学生的成长、发展留出足够的空间，将教材编制过程主动延伸到课堂及学生的学习生活中，增强学生对教材的亲和力及实践力，提升教育者对教材的使用水平，以取得更为理想的教学效果。

1.教材建设的目标是促进学生发展

教材建设的根本目标是促进学生的发展，这是教材建设的出发点和落脚点。教材的设计要从学生的学习需求和个性发展出发，注重启发学生思维、提高学生能力、培养学生实践能力和创新精神。教材应该鼓励学生主动思考、积极参与，提高学生的创造性和创新性，让学生在学习中体验成长和进步的快乐。

2.教材编写要贴近学生生活和实践

教材的编写应该贴近学生的生活和实践，符合学生的认知规律和学习习惯。教材应该注重实用性和实践性，注重学生的能力培养和职业素养的提升。教材的编写要与时俱进，及时反映行业的新发展、新趋势和新技术，让学生掌握最新的知识和技能，提高学生的就业竞争力。

3. 教材设计要重视学生个性和发展

教材的设计要重视学生的个性和发展，教材设计者应该了解学生的心理特点、学习能力和兴趣爱好，注重学生的个性差异，创造多样化的教学场景，让学生在多元化环境中实现自我价值的发现和发掘，促进学生的全面发展。

4. 教材编制要与教学紧密结合

教材的编制要与教学紧密结合。教材设计者应该结合实际教学情况，调整和完善教材，将教材编制过程主动延伸到课堂及学生的学习生活中，使教材的编写更贴近学生的实际需求和学习情况，增强学生对教材的亲和力及实践力，提升教育者对教材的使用水平，以取得更为理想的教学效果。

在教材编制过程中，教材设计者应该关注教学内容的实用性和应用性，注重将理论知识与实践技能相结合，将知识点与案例分析相结合，将教材的理论内容与实际应用相结合，使学生能够将所学知识应用于实践中。同时，教材设计者应该重视学生的反馈和建议，及时修订和更新教材，以保证教材的实用性和时效性。

教材的编制还应该考虑到学生的个性化需求和学习习惯。教材设计者可以采用多样化的教学方法和手段，如案例教学、探究式学习、任务驱动学习等，以适应不同学生的学习习惯和学习风格。同时，教材编写还应该关注学生的兴趣和爱好，通过多样化的教材内容和形式，激发学生的学习兴趣和学习热情。

最后，教材的编写要与教学相结合，教材设计者应该与教学团队密切配合，及时了解教学进度和教学效果，根据实际情况对教材进行调整和完善，以确保教材的实用性和适应性。同时，教材的编写还应该关注教学评估和反馈，及时了解学生的学习情况和教学效果，对教材进行评估和改进，以提高教学效果和教材的实用性和适应性。

教材编制要与教学紧密结合，注重实用性和应用性，关注学生的个性化需求和学习习惯，与教学团队密切配合，及时了解教学进度和教学效果，对教材进行评估和改进，以提高教学效果和教材的实用性和适应性。

（二）以满足岗位需求为本

高职院校是为社会中各行业培育应用型、技术型人才的主阵地。校企合作教材开发模式下，教材的设计、开发与建设须打破传统的做法，不能仅考虑课程体系与科学逻辑体系的格局，应减少对一般化理论、原理性陈述的考量，将实际工作过程中的任务转化为学习单元或实操学习任务。教材设计者应直接从行业的发展现状出发，通过分析企业中岗位、设备、环境的实际情况，编排能够直观展现企业岗位操作规范的文本，以充分体现岗位的实际特点，打造定向企业、定向环境、定向岗位的指向性和实用性更强的教材，让师生得以更为直观、更具目的性与方向性地研读教材和使用教材。

1. 从行业发展现状出发

在教材的编制和开发过程中,教材设计者应该直接从行业的发展现状出发,深入了解企业中的实际需求和岗位操作规范。通过与企业和行业专家的沟通,分析企业中岗位、设备、环境的实际情况,收集相关数据和信息,形成能够直观展现企业岗位操作规范的文本,以充分体现岗位的实际特点。在编制教材时,教材设计者应注重将企业的实际需求融入教材中,将实际工作中的任务转化为学习单元或实操学习任务,以便学生能够更好地掌握实际操作技能,更好地适应工作需求。这样的教材具有指向性和实用性,能够更好地满足学生和企业的需求,提高学生的就业竞争力。

（1）了解企业需求

教材设计者应通过与企业和行业专家的沟通,深入了解企业的实际需求。例如,了解企业所需的技能和知识,以及岗位操作规范等,以便更好地编制和开发教材。

（2）分析岗位、设备、环境的实际情况

教材设计者还应该分析企业中岗位、设备、环境的实际情况,收集相关数据和信息,形成能够直观展现企业岗位操作规范的文本。例如,对于某个特定的工种或岗位,教材设计者可以实地参观企业,观察实际的操作情况,了解该岗位的实际特点,从而更好地编写和开发相应的教材。

（3）将企业需求融入教材中

教材设计者应注重将企业的实际需求融入教材中。例如,在编写某个工种的教材时,应该根据该工种的实际操作要求,编写实际的操作步骤,以便学生能够更好地掌握实际操作技能,更好地适应工作需求。同时,教材中的案例和练习也应该围绕企业的实际需求展开,以便更好地满足企业和学生的需求。

（4）强化实践教学

教材设计者应该注重强化实践教学,在教材中增加实践性和应用性的内容。例如,可以增加实践性和应用性的案例、练习和任务,让学生在实践中掌握实际操作技能和职业素养。此外,还可以通过开展实习、实训等活动,让学生亲身体验企业的工作环境和岗位操作规范,提高学生的实践能力和职业素养。

2. 打造定向企业、定向环境、定向岗位的教材

在校企合作教材开发模式下,教材的设计和开发应该以满足企业和行业的需求为出发点,打造定向企业、定向环境、定向岗位的教材。这样的教材能够更好地贴近企业和行业的实际情况,帮助学生更好地了解和掌握企业和行业的技能需求,提高实践能力和职业素养。

为了实现这一目标,教材设计者应该对企业和行业的特点进行深入的了解和研究,将教材编排为能够直观展现企业岗位操作规范的文本。教材中应包含实际工作中的任务,重点突出企业和行业的实际需求和技能要求,让学生更好地了解企业和行业的实际情况,掌握实际操作技能,提高就业竞争力。

（1）深入了解企业和行业的需求

教材设计者应该与企业和行业专家进行广泛的沟通和交流，了解企业和行业的发展现状、技术需求、人才需求等方面的信息，以便更好地确定教材的编写方向和内容。

（2）注重实操学习任务的设置

教材设计者应将实际工作中的任务转化为学习单元或实操学习任务，让学生更好地掌握实际操作技能，提高就业竞争力。教材中应尽可能突出企业和行业的实际需求和技能要求，帮助学生更好地了解企业和行业的实际情况。

（3）贴近企业和行业的实际情况

教材的编写应紧密贴合企业和行业的实际情况，对企业中的岗位、设备、环境等进行分析，将实际工作中的操作规范转化为教材的内容，以便学生更好地理解和掌握企业和行业的技能需求。

（4）结合实际教学情况进行调整和完善

教材的编写应结合实际教学情况进行调整和完善，注重与教学紧密结合，将教材编制过程主动延伸到课堂及学生的学习生活中，增强学生对教材的亲和力及实践力，提升教育者对教材的使用水平，以取得更为理想的教学效果。

打造定向企业、定向环境、定向岗位的教材是校企合作教材开发模式下的重要任务。只有将教材的编写紧密贴合企业和行业的实际情况，注重实操学习任务的设置，结合实际教学情况进行调整和完善，才能更好地满足学生和企业的需求，提高学生的就业竞争力。

3. 以切合学校实情为本

受生源、办学条件等因素的制约，当前很多高职院校的教学质量达不到教育者的理想目标。在编制教材时，若教材设计者未考虑学校的实际情况，一味地理想化地将各种与行业有关的信息纳入教材中，盲目地定位学校的办学目标、定位学生的学习需求，必然会取得事与愿违的结果，影响教学目标的实现。实际上，当前校企合作的施行，已为高职院校达成教学目标提供了一系列良好的助力。首先就是定向化的培训，简化了课堂中的教学内容，降低了学生接受知识的难度，其次便是共享性资源为学生的实习提供了多种便利。

教材的编制需要考虑学校的实际情况和特点，充分发挥校企合作优势，通过与企业、行业专家的沟通，了解企业和行业的实际需求和技能要求，将实际工作中的任务转化为学习单元或实操学习任务，让学生更好地掌握实际操作技能，更好地适应工作需求。

教材设计者应该充分了解学校的办学目标、学生的学习需求和师资水平等实际情况，结合学校的教学实践和经验，编写符合学校特点和实际情况的教材，突出学校的特色和优势，提高教学质量和水平。另外，在校企合作中，学校可以利用企业的资源和平台，为学生提供多种实习和实践机会，让学生更好地掌握实际操作技能和职业素养，提高就业竞争力。此外，学校还可以与企业开展联合研究，深入探讨相关领域的前沿技术和理论，提升学校教学水平和科研能力。

教材设计者在编制教材时，应以切合学校实情为本，结合校企合作的优势，根据学校的实际情况和师生的需求，量身定制教材，提高教学质量和水平。同时，学校还应充分利用校企合作的资源和平台，为学生提供更多实践和就业机会，促进学生的职业发展和就业。

　　高职院校的教材开发者，应加强对这一机遇的合理化应用，立足于校企合作模式，更好地思考教材编订中存在的问题，以合作模式，从更宏观的视角评估学校的办学能力，制定合适的考评体系，将学生实事求是地定位在适合学校、适合企业的层次上，以全面提升教材编订的科学性、合理性。

第六章　高职三教改革与校企合作模式的创新

第一节　创新型校企合作模式的构建

随着高职三教改革的深入推进，校企合作模式也在不断创新。为适应新时代产业发展的需求，高职院校和企业需要构建创新型校企合作模式，以推动科技创新和产业升级。本文将从以下几个方面进行详细阐述。

一、创新型校企合作模式的概念

创新型校企合作模式是指在传统校企合作模式基础上，通过创新方式和手段，打造一种更加高效、更加灵活的合作模式。创新型校企合作模式注重双方优势互补、资源共享、风险共担、利益共享，旨在推动产学研一体化，促进科技创新和产业升级。

创新型校企合作模式的特点：第一，双方优势互。创新型校企合作模式中，高职院校和企业双方各自的优势得到充分的发挥，达到互补。高职院校以其教学、科研和人才培养的优势，为企业提供专业的人才培养和技术支持，满足企业对人才和技术的需求；而企业则以其市场需求和产业实践的优势，为高职院校提供实践教学基地、科研项目、教育培训等资源，促进高职院校的教育教学和科研创新。第二，资源共享。在创新型校企合作模式下，高职院校和企业之间实现资源共享，实现优势互补，为双方共同发展创造条件。高职院校可以借助企业的实践基地、技术设备、资金等资源，为学生提供更具实践性的教育教学，推动科研成果转化；而企业则可以通过高职院校获取优质的人才和科技成果，实现产业升级和创新发展。第三，风险共担。在创新型校企合作模式下，双方对合作中可能产生的风险和不确定性进行共担。高职院校和企业共同制订合作计划和项目管理方案，明确风险责任，共同承担合作风险，确保合作项目的顺利实施。第四，利益共享。创新型校企合作模式中，高职院校和企业之间实现利益共享，合作双方可以通过合作项目获得相应的经济和非经济利益。例如，高职院校可以通过合作项目获取科研成果、教学资源和人才培养等方面的利益，而企业则可以通过合作项目获得技术支持、人才储备和产品推广等方面的利益。第五，灵活性和创新性。创新型校企合作模式强调灵活性和创新性，合作双方可以根据实际情况和合作需要随时进行调整和创新。例如，可以采用项目制管理方式，将合作内容分解为具体的任务和目标，以达到更高的效率和质量。此外，合作双方也可以通过技术创新和流程优化等方式，不断完善合作模式，提升合作效果和成果。第六，注重产学研一体化。创新型校企合作模式注重产学研一体化，强调实践应用和产业需求导向。合作双方可以通过联合研发、技术转移和人才培养等方式，促进产学研一体化，实现科技成果转化为实际产品或服务的过程，推动产业升级和创新发展。同时，也能更好地培养适应产业需求的高素质人才，为社会和经济发展做出贡献。

二、创新型校企合作模式的构建

创新型校企合作模式需要根据实际情况进行有针对性地构建，具体内容包括以下几个方面。

（一）建立长期稳定的合作关系

长期稳定的合作关系是构建创新型校企合作模式的基础。高职院校和企业需要建立长期的合作关系，建立信任和合作基础，以便更好地实现资源共享、利益共享和风险共担。

1.高职院校和企业需要了解对方的需求，开展诚信合作

双方在合作的初期需要开展诚信合作，明确自身的能力、资源、需求等，全面了解对方的情况，开展有利于双方长期稳定发展的合作项目。只有建立在相互了解和诚信基础上的合作关系才能够持久，最终实现双赢。高职院校和企业在合作初期需要开展诚信合作，全面了解对方的情况，了解对方的需求，明确自身的能力、资源、优势等，以便更好地开展合作项目。

首先，高职院校需要了解企业的实际需求，确定能够为企业提供哪些人才培养、技术支持等服务，以及如何能够更好地满足企业的需求。同时，高职院校需要考虑如何让企业更好地参与到教育教学和科研创新中来，以便更好地将实践经验和行业技能融入课程和教学中去，提高教育教学的质量和实效。

其次，企业也需要了解高职院校的情况，了解高职院校所具有的人才培养、科研创新等优势，以便更好地确定与高职院校合作的方向和内容。同时，企业还需要考虑如何将自身的市场需求和实际需求与高职院校的人才培养和科研创新结合起来，推动产学研一体化，促进产业升级和创新发展。

此外，在开展合作项目的过程中，高职院校和企业需要互相信任，保持诚信合作。双方需要充分沟通，协商出合作项目的内容、范围、目标等，制订详细的合作计划和项目管理方案，明确合作过程中的风险责任和利益分配方案。在合作的过程中，双方需要及时沟通、及时调整，确保合作项目的顺利实施。

最后，高职院校和企业需要建立长期稳定的合作关系，建立信任和合作基础，以便更好地实现资源共享、利益共享和风险共担。双方需要共同推动产、学、研一体化，促进科技创新和产业升级，实现双方的共同发展。

2.高职院校和企业需要建立长期的合作机制

在合作的过程中，双方需要根据合作特点和实际情况，制定长期的合作机制，确保合作的顺利进行。合作机制的建立应该包括各种合作协议、技术转让、人才培养计划、合作

管理规范等，以便更好地实现合作目标。具体来说，需要从以下几个方面进行深入规划和制定。

（1）合作协议

双方需要制定详细的合作协议，明确合作目标、工作范围、资源共享、责任分工、资金投入等事项。协议内容应该符合国家法律法规和双方合作意愿，以便在合作中发挥指导作用，实现合作的有序开展。

（2）技术转让

企业在合作中通常会向高职院校提供技术支持，双方需要建立明确的技术转让机制，确保技术转让的顺利进行。这包括技术创新、知识产权等方面的问题，需要明确技术转让的内容、流程、时间、费用等细节。

（3）人才培养计划

高职院校的主要任务是为企业培养高素质的人才，双方需要共同制订人才培养计划，明确培养方向、培养目标、培养方法、培养质量等。企业需要为高职院校提供实习、实训、就业等方面的支持，高职院校需要与企业密切合作，确保人才培养计划的实施。

（4）合作管理规范

双方需要建立合作管理规范，包括组织管理、项目管理、资金管理等方面，以便合作能有序、高效地进行。规范化的管理可以减少合作中可能出现的风险和问题，保证合作的顺利实施。

（5）持续改进

双方需要不断改进合作机制，针对合作中出现的问题和困难进行调整和改进。同时，也需要及时总结和分享成功经验，推动合作取得更大的进展和成果。

高职院校和企业建立长期的合作机制，可以有效地促进双方的合作，确保合作顺利进行，实现双方共赢。

3.高职院校和企业需要开展双向交流，建立互信机制

在长期的合作过程中，双方应加强沟通交流，了解对方的实际需求和合作需求，以便更好地制订合作计划和方案。同时，双方还需要在合作过程中共同解决合作中的问题，建立双向互信机制，为长期合作打下坚实基础。双方开展双向交流，建立互信机制是构建创新型校企合作模式的重要保障之一。双方需加强沟通交流，全面了解对方的实际需求和合作需求，建立双向沟通的合作机制，使合作关系更加紧密，合作项目更加顺利。

首先，双方需要建立双向沟通机制，确保信息传递的畅通。高职院校和企业应该建立双向信息反馈机制，及时了解对方的合作需求和资源情况，双方可以通过电话、邮件、视频会议等方式进行沟通，共同解决合作中的问题。

其次，双方应该建立互信机制，加强合作关系的稳定性和持久性。高职院校和企业应该建立长期稳定的合作关系，建立信任和合作基础，共同发展，实现双赢。双方应该互相尊重、互相理解，不断完善合作机制，确保合作项目的顺利实施。

同时，双方还需要共同解决合作中的问题。合作过程中难免会出现一些问题；双方需要积极协商，共同解决问题。高职院校和企业应该根据合作计划制订详细的工作方案，明确工作目标和进度，及时发现和解决问题，确保合作顺利进行。

双方需要加强沟通交流，建立互信机制，共同解决合作中的问题，为长期合作打下坚实基础。只有建立在相互了解和诚信基础上的合作关系才能持久，最终实现双赢。

4.高职院校与企业需要进行共同规划和发展，实现共同发展

在长期的合作中，双方需要共同规划和发展，制订长期的合作计划和发展战略，实现共同发展和共同繁荣。双方应该充分发挥各自优势，互相协作，促进技术创新和产业升级，推动创新型校企合作模式的实现。在实践中，双方需要在合作计划和发展战略方面达成共识，明确合作目标和发展方向。共同规划和发展是实现创新型校企合作模式的关键。

首先，双方应该充分发挥各自优势，互相协作。高职院校应该利用自身的教学、科研和人才培养优势，为企业提供专业的人才培养和技术支持。企业则可以利用市场需求和产业实践的优势，为高职院校提供实践教学基地、科研项目、教育培训等资源，促进高职院校的教育教学和科研创新。

其次，双方应该在合作计划和发展战略方面达成共识。共同规划和发展需要双方对彼此的需求有充分的了解，对未来发展有清晰的预期。高职院校和企业应该通过沟通交流，共同确定合作目标和方向，并制订具体的合作计划和时间表。双方还应该建立起共同的合作管理机制，进行合作项目的评估和监控，确保合作的顺利实施。

最后，双方应该共同推动技术创新和产业升级，实现共同发展和共同繁荣。高职院校和企业应该在合作中共同探索和实践新技术和新模式，促进产学研一体化，推动技术创新和产业升级。双方还可以联合开发新产品、新技术，提高市场竞争力，共同开拓市场和推动行业发展。

高职院校和企业需要进行共同的规划和发展，实现共同发展。双方应该充分发挥各自的优势，互相协作，共同制订合作计划和发展战略，共同推动技术创新和产业升级，实现共同发展和共同繁荣。

建立长期稳定的合作关系是创新型校企合作模式中的关键因素。高职院校和企业需要在合作过程中加强交流、建立互信机制、规划共同发展，实现资源共享、利益共享和风险共担，推动创新型校企合作模式的实现。

（二）实现产学研一体化

产学研一体化是创新型校企合作模式的核心。高职院校和企业需要实现产学研一体化，通过共同开展研究、开发和创新，推动科技成果转化和产业升级。同时，也需要加强对学生的职业素养和实践能力的培养，为社会提供更加高素质的人才。在创新型校企合作模式中，产学研一体化是实现高校、企业和社会的共赢的重要手段，促进知识、技术和资本的共享，提高科技创新能力和竞争力。

1.产学研一体化需要高校、企业和科研机构之间建立良好的合作关系

双方需要明确各自的优势和需求，制订共同的发展战略和合作计划，建立长期稳定的

合作机制和合作模式。高校需要提供优质的人才培养和科研环境，企业需要提供实践基地和市场需求，科研机构需要提供科技成果转化和创新研究支持，三方需要建立相互信任和互信机制，共同推进产学研一体化。产学研一体化是高校、企业和科研机构之间紧密合作的一种方式，旨在推动科技创新和产业升级，实现人才培养、科研创新和产业发展的有机融合。在这一过程中，高校、企业和科研机构都需发挥各自优势，协同合作，实现资源共享、信息共享、风险共担和利益共享。

首先，高校作为人才培养的主要场所，可以为产业提供高素质的人才和专业技术人员。高校可以开设与产业相关的专业和课程，为学生提供创新创业的培训和机会，同时通过与企业和科研机构的合作，为学生提供更加具有实践性的教育和培训。

其次，企业作为产业的主体，可以为高校提供实践基地、实习机会和职业发展平台。企业可以提供实际需求和市场信息，为高校的科研和人才培养提供有益参考，同时也可以将高校的科技成果应用于实际生产和经营中，推动产业升级和创新发展。

最后，科研机构作为科技创新的主要推动力量，可以为高校和企业提供技术支持、研发和成果转化服务。科研机构可以通过技术创新和科研成果的转化，为企业提供有力支持，同时也可以为高校提供技术指导和科研平台，促进高校的科研创新和人才培养。

在产学研一体化的过程中，高校、企业和科研机构需要建立良好的合作关系，实现合作共赢。这需要三方建立起相互信任和互信机制，共同制订合作计划和目标，并共同承担合作中可能存在的风险和不确定性。同时，需要建立长期稳定的合作机制和合作模式，以便更好地实现产学研一体化的目标，推动科技创新和产业升级。

2. 产学研一体化需要高校、企业和科研机构之间建立深入的合作关系

高校需要与企业和科研机构开展联合研究、科技创新和技术转移，不断推动知识和技术的交流和共享。企业需要积极参与高校的教学和科研活动，提供实践机会和资金支持，促进产业升级和科技创新。科研机构需要充分发挥科技创新的优势，推动科技成果的转化和应用。

首先，高校需要与企业和科研机构建立深入的合作关系。高校可以通过与企业和科研机构开展联合研究、技术转移、成果转化等多种合作方式，实现产学研一体化。通过联合研究，三方可以共同研发新的技术和产品，加速科技创新和产业升级。通过技术转移，企业可以将高校的技术成果应用到生产实践中，提升企业的核心竞争力。通过成果转化，高校和企业可以共同推动科技成果的商业化应用，为社会创造更多价值。

其次，企业需要积极参与高校的教学和科研活动。企业可以为高校提供实践机会和资金支持，帮助高校培养出更符合企业需求的人才。通过参与高校的教学和科研活动，企业可以更好地了解高校的教学和科研情况，寻找与高校的合作机会，促进企业产业升级和科技创新。

最后，科研机构需要充分发挥科技创新的优势，推动科技成果的转化和应用。科研机构可以与高校和企业合作，共同开展创新研究，探索新的科技应用领域。通过与高校和企

业的合作，科研机构可以将研究成果转化为实际应用，为社会创造更多的经济价值和社会价值。

高校、企业和科研机构之间的深入合作是实现产学研一体化的关键。只有建立深度的合作关系，充分发挥各自优势，才能够实现科技成果的转化和产业的升级，为经济社会的发展作出更大的贡献。

3.产学研一体化需要高校、企业和科研机构之间建立紧密的合作平台

高校需要建立产学研合作平台，实现高校和企业之间的交流和合作。企业需要建立创新研发平台，提供资金和技术支持，为高校和科研机构提供合作机会。科研机构需要建立科技创新平台，实现科技成果的转化和应用。通过合作平台的建立，高校、企业和科研机构能够更加便捷地开展产学研一体化合作，共同推进科技创新和产业升级。

要建立一个有效的产学研合作平台，需要以下步骤：第一，明确平台目标和定位。平台的目标应该是促进产学研一体化，推动科技成果转化和产业升级。平台的定位应该是高校、企业和科研机构之间的交流和合作平台。第二，建立平台机构和团队。建立专门的平台机构和团队，负责平台的运营和管理。该团队应包括专业的管理人员和技术人员，能够有效地协调和管理各方资源和合作项目。第三，吸引优质资源和项目。平台需要吸引优质的资源和合作项目，为双方提供更多的合作机会和资源共享。平台应该积极开展合作洽谈和推介活动，吸引企业和科研机构的投资和支持。第四，完善平台服务和管理。平台需要完善相关的服务和管理机制，包括信息共享、项目管理、技术转移、知识产权保护等方面。平台应该建立科学的评估和考核体系，促进合作项目的顺利实施。第五，推动产学研一体化。平台应该积极推动产学研一体化，促进高校、企业和科研机构之间的深入合作，实现技术创新和产业升级。平台应该建立科技成果转化机制，将科研成果应用到企业实践中，为经济发展和社会进步作出贡献。

产学研一体化是实现创新型校企合作模式的重要手段。高校、企业和科研机构之间的紧密合作，不仅可以促进科技创新和产业升级，还可以提高学生的实践能力和职业素养，为社会培养更多的高素质人才。因此，高职院校和企业应该积极探索和实践产学研一体化，打造创新型校企合作模式，推动教育教学和产业发展的协同发展。

（三）推行"双创"模式

"双创"模式是指通过创新创业来推动产业升级和经济发展。在创新型校企合作模式中，高职院校和企业可以共同推行"双创"模式，打造创新型企业和创新型团队，探索新的商业模式和经营模式。

1.推进双创教育，培养创新型人才

高职院校可以通过推进双创教育，培养创新型人才。在课程设置上加强实践性、创新性、应用性，提高学生的实践能力和创新能力。建立双创教育基地和实践基地，为学生提供实践创新的平台。通过开展创新创业大赛和项目实践，激发学生的创新创业意识和创业能力，培养创新型人才。

2. 构建创新型企业，推动产业升级

企业可以通过推行"双创"模式，构建创新型企业，推动产业升级。企业可以积极参与高校的教学和科研活动，为高校提供实践机会和资金支持，共同开展技术研发和产业升级。企业可以建立创新研发平台，提供资金和技术支持，培育创新型团队和创新型企业，推动产业转型升级和创新发展。

3. 探索新的商业模式和经营模式

在推行"双创"模式的过程中，高职院校和企业可以共同探索新的商业模式和经营模式，开拓新的市场和领域。高职院校可以利用自身的教学和科研优势，与企业合作开展技术研发和产业转移，探索新的商业模式和经营模式。企业可以借助高校的人才和科技成果，拓展市场和业务领域，实现创新发展。

4. 建立双创联盟，促进合作交流

高职院校和企业可以建立双创联盟，促进合作交流。通过双创联盟的建立，高职院校和企业可以实现资源共享、技术交流、市场拓展等方面的合作，共同推进产学研一体化和"双创"模式的实施，具体包括以下几个方面。

（1）联合创新研发

高职院校和企业可以在双创联盟中联合开展创新研发项目，共同探索新的技术和产品。通过联合研发，双方可以共同提高技术能力，推进产业升级。

（2）共享资源

高职院校和企业可以在双创联盟中共享各自的资源，包括技术资源、人才资源、设备资源等。通过共享资源，双方可以实现优势互补，提高产业竞争力。

（3）推广营销

双创联盟可以为企业提供市场推广和营销支持，帮助企业提高产品知名度和市场占有率。同时，高职院校也可以利用企业的营销渠道，为学生提供更多的实践机会和就业机会。

（4）人才培养

双创联盟可以为企业提供人才培养支持，帮助企业培养具备实践能力和创新精神的人才。同时，高职院校也可以通过双创联盟为学生提供更多的实践机会和职业指导，提高学生的创新创业能力。

（5）开展交流活动

双创联盟可以定期开展交流活动，包括学术交流、行业交流、经验分享等。通过交流活动，高职院校和企业可以加深了解，促进合作，推进产学研一体化和"双创"模式的实施。

双创联盟是推进创新型校企合作模式的重要手段，可以促进高职院校和企业之间的合作交流，实现资源共享和优势互补，推进产学研一体化和"双创"模式的实施，推动经济社会的可持续发展。

（四）探索多元化的合作模式

创新型校企合作模式需要探索多元化的合作模式，根据实际需求和资源优势，灵活选择合作方式和合作领域。除了传统的科研项目合作外，还可以探索产业联盟、科技园区合作、人才培养合作等多种合作模式，实现优势互补、资源共享和利益共享，以下是一些常见的多元化合作模式。

1. 研究合作

高职院校和企业可以开展联合研究项目，共同探讨科学研究问题和技术难题。通过研究合作，双方可以共同实现技术创新和知识产权转化，为企业发展提供技术支持和创新能力。

2. 人才培养合作

高职院校和企业可以开展联合培养项目，通过实习、校企联合办学等方式，共同培养具有实践能力和创新能力的高素质人才。通过人才培养合作，企业可以获得具有专业技能和实践能力的优秀人才，同时高职院校可以更好地将理论知识与实践能力结合起来，提高人才培养质量。

3. 技术转移合作

高职院校和企业可以进行技术转移合作，将高职院校的科技成果转移给企业进行实际应用。通过技术转移合作，高职院校可以将科研成果转化为实际产出，推动技术创新和产业升级；企业可以获取创新技术和核心技术，提高自身的核心竞争力和市场竞争力。

4. 产业联盟合作

高职院校和企业可以建立产业联盟，以共同推进产业升级和技术创新。通过产业联盟合作，高职院校和企业可以实现资源共享、技术交流和市场拓展等方面的合作，共同推进产学研一体化。

5. 创新创业合作

高职院校和企业可以开展创新创业合作，共同打造创新型企业和创新型团队，探索新的商业模式和经营模式。通过创新创业合作，双方可以实现资源共享和市场拓展，推动产业升级和经济发展。

6. 教育培训合作

高职院校和企业可以开展教育培训合作，通过培训课程和学习交流，提高企业员工的技能和知识水平。通过教育培训合作，企业可以提高员工的技能水平和专业素质，提高企业的竞争力和创新能力，同时也可以为高职院校提供实践教学基地和教学资源，促进教育教学的改进和创新。教育培训合作可以采用多种方式，例如企业委托高职院校开设定制化课程，高职院校为企业员工提供短期培训、职业技能鉴定和职业资格证书认证等服务。此外，还可以开展企业实习和毕业生就业培训等活动，增强企业和高职院校之间的合作交流。

(五)注重社会责任

在创新型校企合作模式中,高职院校和企业需要注重社会责任,关注社会公益和可持续发展。双方需要积极参与社会公益事业,为社会作出贡献,同时也需要注重环境保护和资源节约,实现可持续发展。

具体来说,以下是一些注重社会责任的具体做法。第一,参与社会公益事业。高职院校和企业可以共同参与社会公益事业,例如捐赠资金、捐献物资、支援教育、扶贫帮困等,为社会贡献出一份力量。第二,推动创新创业。创新创业是推动经济发展的重要手段,高职院校和企业可以共同推动创新创业,培养创新人才,支持创新项目,为经济发展做出贡献。第三,关注环境保护。高职院校和企业应该注重环境保护,采取节能、减排等环保措施,降低对环境的影响,保护生态环境,为可持续发展做出贡献。第四,重视员工福利。企业需要注重员工福利,提高员工的薪资待遇和福利保障,营造良好的员工关系,增强员工的归属感和认同感。第五,保障消费者权益。企业需要保障消费者的权益,提供优质的产品和服务,营造诚信的企业形象,增强消费者的信任和忠诚度。第六,推广文化、体育、艺术等。高职院校和企业可以共同推广文化、体育、艺术等,丰富社会文化生活,提高人民的精神文化素质。第七,促进可持续发展。高职院校和企业应该注重可持续发展,制订和执行环保和可持续发展的政策和措施,降低对资源的消耗,推进可持续发展。

注重社会责任不仅是企业和高校的责任,更是构建创新型校企合作模式的必要条件。通过践行社会责任,企业和高校可以树立良好的社会形象,提升企业的竞争力和高校的社会影响力,共同实现可持续发展。

通过以上措施,可以构建一个有利于创新和发展的校企合作模式,为高职三教改革和社会经济发展注入新动力。

第二节 创新型校企合作模式的运作机制

创新型校企合作模式的构建是高职三教改革的重要任务之一。要实现创新型校企合作,不仅需要建立长期稳定的合作关系,实现产学研一体化,还需要构建合适的运作机制,以确保合作项目的顺利实施和合作效果的最大化。

一、建立联席会议制度

联席会议制度是创新型校企合作模式的重要组成部分。高职院校和企业可以建立联席会议制度,通过联席会议共同制订合作计划和项目管理方案,明确双方的合作要求和责任。在联席会议上,双方可以开展深入的交流和沟通,及时解决合作中的问题和难点,为合作提供有效的支持和保障。

首先,联席会议制度需要明确双方的合作目标和任务。双方可以在联席会议上讨论合作项目的具体细节,包括项目的目标、内容、实施计划和预期成果等,明确双方的合作任务和责任，确保合作的有效开展。

其次，联席会议制度需要规范双方的合作行为。高职院校和企业可以通过制定合作协议和管理规范等方式，规范双方的合作行为，明确各自的权利和义务，防范合作风险，确保合作的顺利进行。

再次，联席会议制度需要及时解决合作中的问题。在联席会议上，双方可以及时反馈合作过程中的问题和难点，并提出相应的解决方案。通过协商和协调，及时解决合作中的问题，避免合作过程中的矛盾和纠纷，提高合作的效率和质量。

最后，联席会议制度还需要建立合作机制和监督机制。双方可以通过制订合作计划和合作流程等方式，建立高效的合作机制，确保合作的顺利开展。同时，双方还需要建立监督机制，对合作过程进行监督和评估，及时调整合作方向，确保合作的长期稳定和发展。

联席会议制度是创新型校企合作模式的核心机制之一，对于高职院校和企业之间建立长期稳定的合作关系、推进产学研一体化具有重要的意义。通过联席会议制度的有效运作，高职院校和企业可以更好地共同开展研究、开发和创新，促进科技成果转化和产业升级，为社会和经济的可持续发展做出更大贡献。

二、实行共同育人机制

高职院校和企业可以实行共同育人机制，共同培养具有实践能力和市场竞争力的高素质人才。在共同育人机制下，高职院校和企业可以开展联合实训、双向交流和创新创业教育等活动，让学生在实践中掌握实际操作技能和商业管理能力。同时，企业也可以通过实习和实训，对学生进行职业素养培养，培养出更适应市场需求的人才。

（一）建立共同育人合作机制

高职院校和企业需要建立共同育人合作机制，明确双方的合作要求和责任，制订共同的培养计划和培养标准。共同育人机制的建立可以促进高职院校与企业之间的深度合作，实现人才培养和用人单位的需求对接，提高高职院校的人才培养质量和市场竞争力。

共同育人合作机制的建立需要双方的共同努力。

首先，双方需要明确各自的优势和需求，制订共同的发展战略和合作计划，建立长期稳定的合作机制和合作模式。

其次，双方需要建立起双向沟通和信息共享的机制，及时了解双方的需求和变化，以便调整培养计划和标准。

最后，双方需要建立共同育人的评价机制，对培养成果进行评估和反馈，及时发现和解决问题，进一步提高人才培养质量和市场竞争力。

共同育人合作机制的建立对于高职院校和企业都有着重要意义。对于高职院校来说，这种合作机制可以提高教学质量和人才培养水平，缩小与用人单位之间的鸿沟，为学生提供更好的实践机会和就业机会。对于企业来说，共同育人合作机制可以满足企业对人才需求的快速变化和多样化，减少用人成本和用人风险，提高企业的市场竞争力和创新能力。

建立共同育人合作机制是创新型校企合作模式的重要组成部分，可以促进高职院校和企业之间的深度合作，实现优质人才的培养和有效用人。

（二）开展实践教学和实习实训

高职院校和企业可以共同开展实践教学和实习实训，提高学生的实践能力和职业素养。高职院校可以借助企业的实践环境和实践机会，让学生接触到真实的企业运作和市场需求，培养学生的创新精神和实践能力。同时，企业也可以通过实践教学和实习实训，筛选优秀的人才，提高员工的技能水平。

（三）共同开展创新研究和科技创新

高职院校和企业可以共同开展创新研究和科技创新，提高双方的创新能力和技术水平。高职院校可以提供科研资源和专业技术支持，为企业的科技创新提供帮助。而企业可以提供实践机会和市场需求，为高职院校的科研项目提供应用场景和技术支持。通过共同开展创新研究和科技创新，可以促进产学研一体化发展，实现科技成果转化和产业升级。

（四）建立双向评价机制

高职院校和企业需要建立双向评价机制，对共同育人的效果进行评估和反馈。双向评价机制可以促进高职院校和企业之间的信息共享和学习交流，帮助双方了解彼此的优势和不足之处，及时调整教育教学和培训计划，提高培养质量和市场竞争力。

具体来说，双向评价机制应包括以下内容。第一，高职院校评价企业。高职院校需要对合作企业进行评价，包括企业提供的实习、就业机会和教学资源等方面，评价结果将用于调整教学计划和课程设置。第二，企业评价高职院校。企业需要对高职院校的教学质量和培养效果进行评价，包括毕业生就业率、就业岗位匹配度、实践能力等方面，评价结果将用于调整合作计划和招聘标准。第三，双方共同评价。双方需要共同对共同育人计划进行评价，包括对培养目标的实现情况、合作模式的效果、师资力量的配备等方面，评价结果将用于优化合作模式和改进共同育人计划。

通过建立双向评价机制，高职院校和企业可以相互了解和反馈，优化合作关系，提高合作效率和质量。同时，双向评价机制还可以促进高职院校和企业之间的学习交流和共同成长，共同推动产学研一体化和双创模式的实现。

三、建立长期稳定的合作关系

长期稳定的合作关系是创新型校企合作模式的基础。高职院校和企业需要建立长期的合作关系，建立信任和合作基础，以便更好地实现资源共享、利益共享和风险共担。双方需要共同制定长期的合作计划和发展战略，建立长期稳定的合作机制和合作模式，推进创新型校企合作模式的实现。

（一）了解对方需求和优势

在建立长期稳定的合作关系之前，双方需要了解对方的需求和优势，确定合作方向和范围，以便更好地实现合作目标。高职院校需要了解企业的技术和市场需求，以及企业的发展方向和战略规划。企业也需要了解高职院校的教学和科研情况，以及高职院校的优势学科和专业。只有深入了解对方的需求和优势，才能建立长期稳定的合作关系。

1. 了解企业的技术和市场需求

高职院校需要了解企业的技术和市场需求，了解企业当前面临的技术难题和市场需求，以便确定如何结合高职院校的专业技术和研究方向，为企业提供有针对性的技术支持和服务。高职院校可以通过开展技术咨询、技术培训等方式，帮助企业提升技术水平和市场竞争力。

2. 了解企业的发展方向和战略规划

高职院校还需要了解企业的发展方向和战略规划，以便更好地确定合作方向和范围。了解企业的发展战略和规划，可以帮助高职院校更好地为企业提供人才培养、技术支持和研发服务等方面的支持，共同推进企业的发展。

3. 了解高职院校的教学和科研情况

企业也需要了解高职院校的教学和科研情况，了解高职院校的专业优势和学科特色，以便更好地为企业提供有针对性的人才培养、科研合作和技术支持等方面的服务。企业可以通过参观高职院校、与教师和学生进行交流等方式，深入了解高职院校的教学和科研情况，为双方合作提供更好的基础。

4. 了解高职院校的优势学科和专业

企业还需了解高职院校的优势学科和专业，以便更好地确定合作方向和范围。了解高职院校的优势学科和专业，可以帮助企业更好地结合自身的发展需求和市场需求，选择合适的合作方向和合作项目，实现双方的利益最大化。

建立长期稳定的合作关系需要双方在合作前深入了解对方的需求和优势，确定合作方向和范围，以便更好地实现合作目标。只有建立在相互了解和诚信基础上的合作关系才能够实现长期稳定的合作，促进双方的共同发展和繁荣。建立长期稳定的合作关系也需要双方共同制定长期的合作计划和发展战略，建立长期稳定的合作机制和合作模式，制定相应的合作管理规范，确保合作的顺利进行。双方还需要建立双向互信机制和双向评价机制，促进信息共享和学习交流，不断完善合作机制和合作模式，推动创新型校企合作模式的实现。

（二）建立信任和合作基础

建立信任和合作基础是长期稳定的合作关系的前提。高职院校和企业需要建立起信任和合作的基础，增强合作的稳定性和可持续性。建立信任和合作基础需要时间和努力，双方需要通过各种形式的交流和互动，增强相互了解和信任，为建立长期稳定的合作关系奠定基础。具体来说，可以采取以下措施：第一，建立交流渠道。高职院校和企业可以建立交流平台，如校企论坛、企业讲座、学术研讨会等，通过交流和互动增进相互的了解和信任。同时建立联系人，及时沟通信息和问题。第二，共同制定合作计划和目标。高职院校和企业需要共同制订合作计划和目标，明确合作内容和方向，确保合作的有效性和稳定性。第三，加强合作交流。高职院校和企业需要加强合作交流，及时沟通合作中出现的问题和困难，协商解决方案，保持合作的顺利进行。第四，着重诚信建设。高职院校和企业需要强调诚信建设，遵守合同和协议，遵守商业道德和规范，保持诚信，树立良好的信誉。

通过以上措施，高职院校和企业可以建立起信任和合作的基础，增强合作的稳定性和可持续性。同时，双方还需要持续地加强交流和协调，不断提高合作的质量和效果，实现互利共赢的目标。

（三）制订长期合作计划和发展战略

双方需要共同制定长期的合作计划和发展战略，以便更好地实现合作目标。合作计划和发展战略需要考虑到双方的实际情况和需求，明确合作范围和目标，制订具体的合作计划和实施方案，以便更好地推进合作的深入发展。同时，合作计划和发展战略需要具有可持续性和发展性，为长期合作提供保障。在制订合作计划和发展战略时，双方需要考虑到各自的实际情况和资源优势，明确合作的范围和目标，制订具体的合作计划和实施方案，以便更好地推进合作的深入发展。

1. 考虑双方实际情况和资源优势

在制订合作计划和发展战略时，双方需要充分考虑各自的实际情况和资源优势。高职院校需要了解企业的技术和市场需求，以及企业的发展方向和战略规划；企业也需要了解高职院校的教学和科研情况，以及高职院校的优势学科和专业。只有深入了解对方的需求和优势，才能制订适合双方的合作计划和发展战略。

2. 明确合作范围和目标

合作计划和发展战略需要明确合作范围和目标。合作范围可以包括技术研发、人才培养、市场拓展等方面，目标可以包括技术创新、产品开发、人才培养等方面。双方需要明确合作的目标和任务，以便更好地推进合作的深入发展。

3. 制订具体的合作计划和实施方案

合作计划和发展战略需要具体化，制订出具体的合作计划和实施方案。合作计划需要包括合作的具体内容、时间安排、资源投入等方面，实施方案需要包括合作流程、合作管理、合作评估等方面。双方需要共同制订出具体的合作计划和实施方案，以便更好地推进合作的深入发展。

4. 具有可持续性和发展性

合作计划和发展战略需要具有可持续性和发展性。可持续性可以体现在合作的稳定性、合作成果的持续性、合作机制的稳定性等方面。发展性可以体现在合作的深度、广度、创新性等方面。合作计划和发展战略需要具有可持续性和发展性，以便更好地为长期合作提供保障。

在制订合作计划和发展战略时，双方需要考虑以下几点，以确保合作计划和发展战略具有可持续性和发展性。第一，考虑长远发展。双方需要考虑长期合作的前景和发展方向，制定具有长远视野的合作计划和发展战略。合作计划和发展战略需要与双方的发展规划和战略相匹配，确保合作的可持续性和发展性。第二，确定合作目标和范围。双方需要明确合作目标和范围，确定合作的重点和方向。合作目标和范围需要与双方的需求和优势相匹配，确保合作的深入和有效。第三，制订具体的合作计划和实施方案。双方需要制订具体的合作计划和实施方案，明确各自的任务和责任，确保合作的顺利实施。合作计划和实施方案需要具有可操作性和可测量性，方便双方进行跟踪和评估。第四，加强沟通和协调。双方需要加强沟通和协调，及时解决合作中的问题和难点，确保合作顺利实施。沟通和协调需要建立在相互信任和尊重的基础上，保持良好的合作关系。第五，持续创新和改进。双方需要持续创新和改进，探索新的合作模式和方式，不断提升合作的水平和效果。创新和改进需要建立在共同的创新意识和创新文化基础上，确保合作具有创新性和前瞻性。

合作计划和发展战略的可持续性和发展性需要建立在双方充分的合作理解和信任基础上，以确保合作计划和发展战略能持续发展和取得更好的效果。

（四）建立长期稳定的合作机制和合作模式

建立长期稳定的合作机制和合作模式是实现长期稳定的合作关系的关键。合作机制和合作模式需要符合双方的实际需求和资源优势，能够确保合作的顺利进行。合作机制和合作模式需要包括各种合作协议、技术转让、人才培养计划、合作管理规范等，以便更好地实现合作目标。

在建立长期稳定的合作机制和合作模式时，需要考虑以下几点：第一，共同制定合作计划和发展战略。双方需要在合作初期就制定共同的合作计划和发展战略，明确合作目标、任务、责任和分工，确保双方的利益得到保障。第二，建立长期稳定的合作机制。双方需要建立长期稳定的合作机制，包括双方合作协议、技术转让机制、项目管理规范等。通过合作机制的建立，可以保证双方的权益得到充分保障，实现合作的长期稳定性。第三，促进资源共享和利益共赢。双方需要充分发挥各自的资源优势，实现资源共享和利益共赢。高职院校可以提供优质的人才和科研资源，企业可以提供实践基地和市场需求，双方互相支持和帮助，实现合作的双赢。第四，建立风险共担机制。合作中难免存在一些风险，双方需要建立风险共担机制，共同承担合作中的风险。通过风险共担机制的建立，可以降低合作中的风险，提高合作的成功率和可持续性。第五，不断优化合作模式。双方需要根据合作的实际情况不断优化合作模式，寻找更加适合双方的合作模式和方式。通过不断优化合作模式，可以提高合作的效率和效果，实现合作的长期稳定性和可持续发展。

建立长期稳定的合作机制和合作模式是实现创新型校企合作模式的关键。双方需要共同努力，充分发挥各自的优势和资源，建立长期稳定的合作关系，推动产学研一体化，促进产业升级和经济发展。

四、高职校企合作教材开发模式的构建

（一）优质师资团队引领教材建设

为确保校企合作教材开发模式的实行质量，高职院校亟须加强对师资队伍的建设，具体包括以下方面：

首先，应不遗余力地推进人才强校、名师大师工作室建设等工程，重点是加强对专兼

职行业领军人才、技能大师等高素质师资的培养和引进，让真正懂教育懂专业懂技能的校内外专家参与到教材建设中。

其次，应围绕专业建设，对师资结构做出调整与优化，提升"双师型"教师在教学队伍中的占比，同时要注重对青年教师教学能力、实践能力的同步培养，发挥青年教师对当代学生喜闻乐见的教材展示形式的把握较好的作用，并且通过教材建设推动师资队伍建设。

再次，加强人事制度改革，将优质教材建设作为重要一环引入教师绩效考核和职称晋升等方面，提升教师能力调动内生动力，让广大教师各尽其责、各尽其才，并且各有所成。

最后，对于优秀青年教师，高职院校应定期组织走进企业进行岗位锻炼，让他们全面了解企业实际的生产流程、岗位能力要求，为校企合作教材的编写提供素材、做好铺垫。

（二）严选优质企业，发挥优势互补

在实行校企合作教材开发模式下，为提升教材编撰质量，高职院校应加强与企业人才的合作，同时有必要加强对合作企业的遴选，优先选择在行业内具有一定知名度、技术上占主流，最重要的是关注学校教育事业和学生长远发展的优秀企业进行紧密合作。在选好企业后，可以邀请企业专家协同院校教师，共同完成对教材的编撰，各取所长，全力提升教材编写水平。在实际工作中，高职院校应督促参与教材编订的教师，严格落实对企业的调研，如以挂职锻炼、企业顶岗等形式，实地考察学生进入企业后从事的工作，与长期从事该工作的人员交流，探讨学生在这一岗位上会用到的技能，提炼人才培养思路。以此为突破口，明确培养学生技能要求，将企业的各项资料收集到位，重点将真实工作任务和典型案例融入教学内容，确定教学大纲。同时，企业的业务人员通常更了解行业、企业的实际情况，如果他们能实实在在地参与到实际教材编写工作中，无疑能为教师提供一些建设性的意见。企业的真实典型案例和培训手册等素材的研究和应用，尤其能开拓教材编写团队的教材开发思路，促进整体专业能力的提升，特别是对于教材中涉及工作项目、实训的部分能够进行合理编撰。教师的优势还包括具有丰富的教学改革与教材编写经验，配合企业专家全面提升教材编写质量的主观意愿比较强烈，如此便可实现优势互补，相得益彰。需要注意的是，编写过程中，双方应着力将企业的生产工艺过程体现在教材中，增强教材的实用性，以引导学生掌握与行业相关的实践技能。在使用教材的过程中，教师应坚持与企业专家保持联系，双方应认真收集与教材有关的反馈信息，必要时对教材做出一定的调整，之后周期性地更新教材内容，将企业生产过程中用到的最为前沿的技术、工艺，源源不断地引入教材中，以不断开阔学生的知识视野，增强学生的技术实践能力，促进学生的发展。

（三）紧密对接岗位，丰富教材内涵

在编写过程中，教师应积极打破教学藩篱与传统学科体系，从企业专家处认真了解与行业岗位有关的专业知识，协同企业专家共同收集工作案例，对工作岗位展开系统化分析，实现高质量的教材设计。对于编写过程中遇到的技术问题，教师也可与企业专家展开讨论分析，在编写相应内容后，再交给企业专家审核，形成"理实一体化"的教材，规避传统教材中存在的弊端。教材内容，应符合专业人才培养方案的基本要求。具体而言，高职院校的人才培养目标，是培养能够胜任行业、企业生产一线的实际工作，并且熟练掌握相关技术技能的人才，而非科研型、科技型人才，因此教师对教材内容的编撰必须体现针对性、实用性及与行业岗位的适配性和衔接性。按照教育部的要求，高职院校还应以区域产业发展对人才提出的要求为依据，明确人才培养目标，从工学结合、校企合作、顶岗实习等角度，深化人才培养模式改革。高职院校应与企业的专业人才，共同制定人才培养方案，专业建设要实现与行业对接就必须保证教学内容能对接职业标准。高职院校教师应围绕这一要求，落实对企业的调研与考察，在此基础上，结合专业人才在企业中的成长过程及其拿到的职业资格证书，确定教材的内容体系，设计科学合理的教材内容。

在教材结构上，可以采用"基于工作过程导向""项目驱动"等设计思路，将企业的真实工作案例和行业的最新技术要求与课程教学紧密结合，梳理出能够达到培养目标的课程教学内容和模块，将课程教学内容合理划分为几个单元，为每个单元赋予相应的教学任务，依据工作岗位的实际情况及胜任这一岗位需掌握的知识及技能来编写教材。对于涉及顶岗实习的内容，在设计上应留有一定的余地，以推动学生对教材进行能动实践、能动创造。

（四）多维度打造新形态教材

在实行校企合作教材开发模式下，教师的课堂教学，绝不能再盲目沿用传统、落后的教学方法。教师应加强对先进教学理念、教学模式的研究与应用，将教材的优势全面发挥。例如，目前，随着国家精品共享课程建设的不断推行，教师与学生可依托互联网渠道，找到很多高质量的课程资源。教材开发与课程开发并非相互独立，而是辩证统一的，是联系在一起的，因此在进行教材设计及课堂教学的过程中，教师也应加强对这类资源的应用，以不断丰富教学内容与教学方式。例如，教师可结合网络上的优质资源，在设计纸质教材的同时，协同企业专家，设计与之配套的电子教材，包括课件、习题库、案例、视频、音频、课程资源包等，以立体化、多元化的教学形式，为学生的学习带来助力。

目前，很多高职院校都在推进对新型教材的研发，相较于传统教材，这种教材以网络课件为主要载体，其最为突出的特点是具有互动性，对三维仿真软件的应用率也很高，对一些课堂中无法直观展现出来的、与行业岗位相关的内容，有清晰、直观的展现，方便学生学习。过去几年中，MOOC的盛行，也是这类现代化教学形式在高职院校中得到广泛应用的例证。总之，在这一时代背景下，高职院校在建设校企合作教材开发模式的过程中，也应积极开发配套的线上教学资源和电子教材，以不断延伸学生的学习空间，增强学生的学习效果，促进高职院校的办学发展。

第七章 实证分析与案例研究

第一节 实证分析研究方法

　　实证分析研究方法是一种常用的社会科学研究方法，其基本思路是通过收集和处理现实数据，验证或证伪研究假设，揭示现象背后的规律和机制。在高职三教改革与校企合作模式研究中，实证分析研究方法可以用来分析校企合作模式的优劣、影响因素以及变化趋势等方面的问题。下面将介绍实证分析研究方法的基本流程和常用技术工具。

一、实证分析研究方法的基本流程

　　实证分析研究方法的基本流程包括问题定义、假设构建、数据收集、数据处理和结果解释等步骤，具体流程如下。

（一）问题定义

　　问题定义是实证分析研究方法的第一步。在进行实证研究之前，需要明确研究的问题和目的，确保研究的可行性和有效性。问题定义的关键是确定研究对象、研究问题和研究范围，这些因素将直接影响到后续步骤的设计和执行。

　　1.问题定义的重要性

　　问题定义是实证研究的重要起点，它的重要性体现在以下几个方面。

　　（1）确保研究的可行性和有效性

　　问题定义的关键是确定研究对象、研究问题和研究范围，这些因素将直接影响到后续步骤的设计和执行。只有明确了研究问题和目的，才能进行有效的数据收集和处理，从而得出有意义的结论和建议。

　　（2）避免无效和重复研究

　　问题定义的另一个重要作用是避免无效和重复研究。如果研究问题不清晰或者研究范围过于广泛，将很容易陷入数据收集和分析的泥潭，最终无法得出有价值的结论和建议。同时，问题定义也可以帮助研究者避免重复研究，避免在已有研究基础上重复造轮子，节省时间和资源。

　　（3）提高研究质量和影响力

　　问题定义的精准和有效性将直接影响研究的质量和影响力。通过明确研究问题和目的，研究者可以更好地选择合适的数据来源和处理方法，从而提高研究质量和准确性。同时，问题定义还可以帮助研究者更好地将研究结果转化为有意义的建议，从而提高研究的实用性和影响力。

2.问题定义的关键要素

问题定义的关键要素包括研究对象、研究问题和研究范围，下面将分别进行介绍。

（1）研究对象

研究对象是指研究的主体或客体，包括个人、组织、社会群体等。在问题定义阶段，研究者需要明确研究对象的性质和特点，以便更好地选择数据来源和处理方法。同时，研究对象的选择也应该与研究问题和目的相符，以确保研究的有效性和可行性。

例如，在研究高职院校与企业校企合作模式的影响因素时，研究对象可以选择高职院校和企业，以及从事校企合作的人员或部门。这些研究对象的特点和性质将直接影响研究问题和范围的选择。

（2）研究问题

研究问题是指研究者希望回答的问题或疑问，是研究的核心。在问题定义阶段，研究者需要明确研究问题的性质和特点，以便更好地选择数据来源和处理方法。同时，研究问题的选择也应该与研究对象和范围相符，以确保研究的有效性和可行性。

例如，在研究高职院校与企业校企合作模式的影响因素时，研究问题可以包括校企合作模式的类型、校企合作模式的实施效果、校企合作模式的优化方向等。这些研究问题的选择应该与研究对象和范围相符，以确保研究的准确性和可靠性。

（3）研究范围

研究范围是指研究对象和问题所涉及的领域和范围。在问题定义阶段，研究者需要明确研究范围的性质和特点，以便更好地选择数据来源和处理方法。同时，研究范围的选择也应该与研究对象和问题相符，以确保研究的有效性和可行性。

例如，在研究高职院校与企业校企合作模式的影响因素时，研究范围可以涉及国内和国际校企合作的发展现状、校企合作的优势和不足等。这些研究范围的选择应该与研究对象和问题相符，以确保研究的全面性和深度性。

（二）假设构建

假设构建是实证分析研究方法的第二步。假设是对问题的预测或解释，是实证分析研究的基本前提。在这一步骤中，研究者需要根据问题定义和理论研究，提出可能的假设，并根据假设设计研究方案。

1.假设构建的过程

（1）回顾现有研究

在假设构建的过程中，需要对现有的研究进行回顾和总结，了解前人对该问题的研究情况和成果，为假设的构建提供参考。在回顾现有研究时，需要注意研究的对象、样本、方法和结论等方面，以便对研究现状有全面的了解。

（2）确定研究对象和问题

在确定研究对象和问题的基础上，可以进一步明确假设的构建方向和内容。研究对象和问题的确定需要考虑研究的目的和实际需求，以及相关的理论和实践问题。

（3）提出假设

在问题定义和研究对象的基础上，研究者可以提出一个或多个假设。假设需要具有可验证性、可重复性和科学性等特点，以便后续的数据收集和处理。假设应该是有意义和可行的，有助于解释或预测研究对象的现象和行为。

（4）检验假设

假设构建的最终目的是验证或证明假设的正确性或错误性。因此，在提出假设之后，需要通过数据收集和分析来检验假设的有效性。如果发现假设不成立，需要重新修改或提出新的假设。

2. 假设构建的注意事项

（1）假设应该具有可验证性

假设需要具有可验证性，即需要通过数据收集和处理来验证或证伪。只有具有可验证性的假设才能进行实证分析研究，否则将无法得出有效的结论。

（2）假设需要与问题定义相一致

假设应该与问题定义相一致，即应该与问题的研究对象、范围和目的等相关。如果假设与问题定义不相符，将难以得出有意义的结论，导致研究结果无效。

（3）假设需要具有科学性和合理性

假设需要具有科学性和合理性，即需要基于科学理论和研究经验，合理推测和预测现象。否则，将难以获得有意义的研究结果，并可能引起研究误差和偏差。

（4）假设需要具有可操作性

假设需要具有可操作性，即需要通过实证研究来验证或证伪。同时，假设需要明确具体的操作定义和变量，以便进行实证分析研究。

（5）假设需要考虑可能存在的偏差和误差

假设需要考虑可能存在的偏差和误差，包括样本选择偏差、测量误差、数据处理偏差等。研究者需要在假设构建阶段充分考虑这些可能存在的偏差和误差，并在后续研究中采取相应的措施进行纠正和调整。

通过以上注意事项，研究者可以更加准确和有效地构建假设，并为后续实证分析研究提供科学基础和方法支持。

（三）数据收集

数据收集是实证分析研究方法的重要步骤之一。数据收集的目的是获取相关数据，以支持研究假设的验证。常用的数据收集方式包括问卷调查、实地观察、实验、文献资料收集等。在进行数据收集时，需注意数据的质量和完整性，确保数据的准确性和可靠性。数据收集方式多种多样，可以根据具体研究问题和数据类型选择不同的数据收集方式。

1.问卷调查

问卷调查是数据收集的常用方式之一,特别适合于收集大量数据的情况。问卷可以通过纸质形式或在线形式发放,可以包括开放性问题和封闭性问题。在设计问卷时,需要注意问题的逻辑性、语言的清晰度,问题要避免主观性,确保问卷的可靠性和有效性。同时,需要确保问卷的样本代表性,以避免样本偏差导致的结果误差。

2.实地观察

实地观察是收集实际情况的一种方法,通过观察对象的行为和环境等,收集相关数据。实地观察可以直接在现场进行,也可以通过视频等技术进行远程观察。在实地观察时,需要注意记录的详细程度和客观性,避免主观因素的影响。

3.实验

实验是通过控制变量来检验假设的一种方法。在实验设计中,需要确定实验的因变量和自变量,并控制其他因素的影响。实验需要考虑样本的选取、实验过程的控制和实验结果的分析,以保证实验的可靠性和有效性。

4.文献资料收集

文献资料收集是收集相关文献资料的一种方法。文献资料可以包括相关研究、政策文件、统计数据等。在文献资料收集时,需要注意文献来源的可靠性和有效性,同时需要注意对文献内容的分析和解释,以保证研究的准确性和可靠性。

在进行数据收集时,需要注意数据的质量和完整性。数据质量包括数据的准确性、可靠性和有效性等方面,需要采取相应的措施确保数据的质量。数据完整性包括数据的完整程度和数据来源的可靠性等方面,需要考虑数据的来源和样本的代表性等因素,以保证数据的完整性和可靠性。

数据收集是实证分析研究中至关重要的步骤,需要根据研究问题和数据类型选择合适的数据收集方式,并注意数据的质量和完整性。

(四)数据处理

数据处理是实证分析研究方法的核心步骤之一。数据处理的主要任务是对收集到的数据进行整理、分析和解释,以回答研究问题。常用的数据处理方法包括描述性统计分析、推断性统计分析和因果分析等。在进行数据处理时,需要注意数据的清洗和变量选择,以保证分析结果的准确性和可靠性。以下从数据清洗、变量选择、数据分析和结果解释等方面介绍数据处理的相关内容。

1.数据清洗

数据清洗是数据处理的第一步,它是对收集到的数据进行检查、清理和修正,以保证数据的质量和可靠性。在数据清洗时,需要注意以下几个方面:第一,检查数据的缺失情况,缺失数据可能会影响分析结果的准确性和可靠性,需要进行填补或删除;第二,检查数据的异常值,异常值可能会影响统计结果,需要进行检查和处理;第三,检查数据的一致性和正确性,数据需要保证一致性和正确性,避免出现逻辑上的错误;第四,删除重复数据，重复数据可能会对分析结果产生误导，需要进行删除。

2. 变量选择

变量选择是数据处理的重要步骤，它是根据研究问题和目的选择需要进行分析的变量。在变量选择时，需要考虑以下几个因素：第一，变量的相关性，需要选择与研究问题相关的变量进行分析；第二，变量的可用性，需要考虑数据的可用性和完整性，选择可用的变量进行分析；第三，变量的测量水平，需要根据变量的测量水平选择合适的分析方法。

3. 数据分析

数据分析师数据处理的核心步骤之一，它是根据研究问题和假设进行统计分析，以得出分析结果。常用的数据分析方法包括描述性统计分析、推断性统计分析和因果分析等。在数据分析师，需要注意以下几个方面：第一，选择合适的分析方法，需要根据研究问题和变量的测量水平选择合适的分析方法；第二，分析结果的可靠性，需要进行统计检验，评估分析结果的可靠性；第三，分析结果的解释，需要对分析结果进行解释和说明，结合研究问题和假设，提出相应的结论。

（五）结果解释

结果解释是实证分析研究方法的最后一步。在这一步骤中，研究者需要对分析结果进行解释和说明，以回答研究问题。结果解释的关键是将分析结果与研究问题联系起来，并提出相应的结论和建议。同时，需要注意结果的可靠性和有效性，以确保结论的科学性和可信度。

1. 将分析结果与研究问题联系起来

在结果解释的过程中，研究者需要将分析结果与研究问题联系起来，对分析结果进行解释和说明。这一步骤需要考虑研究问题的重点和关注点，以便更好地解释和阐述分析结果。

2. 提出结论和建议

在将分析结果与研究问题联系起来之后，研究者需要提出相应的结论和建议，以回答研究问题和达成研究目的。结论需要基于数据分析和研究假设的验证，以客观、准确、明确的方式进行阐述。同时，需要根据结论提出相应的建议和措施，为利益相关者提供参考和指导。

3. 注意结果的可靠性和有效性

在结果解释的过程中，需要注意结果的可靠性和有效性。数据分析需要基于足够的样本数据和可靠的数据来源，以确保结果的准确性和可靠性。同时，也需要对分析方法和技术进行严格的评估和验证，以确保结果的有效性和科学性。

结果解释是实证分析研究方法中非常重要的一步，需要将分析结果与研究问题联系起来，提出相应的结论和建议，并注意结果的可靠性和有效性，以确保研究的科学性和可信度。

二、实证分析研究方法的常用技术工具

实证分析研究方法涉及多种技术工具和软件,下面将介绍一些常用的技术工具。

(一)问卷调查工具

问卷调查是实证分析研究中常用的数据收集方式之一,常用的问卷调查工具包括问卷星、问卷调查等。

1.问卷调查工具的定义

问卷调查是一种常用的数据收集方式,是指通过编制一份调查问卷,以书面形式向被调查者提出一系列问题,以获取相关信息和观点的过程。问卷调查可以采用纸质问卷和电子问卷两种形式,其中,电子问卷已经成为越来越多研究者的首选。

2.问卷调查工具的常用软件

(1)问卷星

问卷星是国内较为知名的问卷调查工具之一,由北京市清博量化科技有限公司开发。问卷星具有操作简单、支持多种问卷类型、数据分析丰富等特点,适合于对数据需求不高的小型问卷调查。

(2)问卷调查

问卷调查是由阿里巴巴集团旗下的淘宝网开发的在线问卷调查工具。该工具具有易于使用、问卷设计灵活等特点,同时支持大规模的在线调查,适合于对数据要求较高的中小型研究。

(3)SurveyMonkey

SurveyMonkey是一款较为专业的在线问卷调查工具,具有问卷设计多样化、数据分析强大等特点。同时,SurveyMonkey还提供了丰富的问卷模板和样本库,方便研究者进行调查设计和数据分析。

3.问卷调查工具的应用

问卷调查工具在实证分析研究中的应用非常广泛,特别是在社会调查、市场调查、消费者行为研究等领域中得到了广泛应用。在高职三教改革与校企合作模式研究中,问卷调查工具可以用于以下方面:第一,调查校企合作的现状和需求,通过问卷调查,可以了解校企合作的实际情况和合作需求,为制订合适的合作方案提供依据。第二,调查校企合作的效果和问题,通过问卷调查,可以了解校企合作的效果和存在的问题,为改进和优化合作模式提供参考和建议。第三,调查学生对校企合作的认知和态度,通过问卷调查,可以了解学生对校企合作的认知和态度,为进一步培养和引导学生参与校企合作提供指导。第四,调查企业对高职院校毕业生的需求,通过问卷调查,可以了解企业对高职院校毕业生的需求,为高职院校优化教育教学提供指导和参考。第五,调查校企合作的影响因素,通过问卷调查,可以了解影响校企合作的因素,如合作机制、政策支持、人才需求等,为制定相关政策和措施提供依据。

问卷调查工具是实证分析研究中重要的数据收集方式之一,可以用于调查、评估和预

测等多个方面，为实现高职三教改革与校企合作模式创新提供支持和帮助。

（二）数据处理工具

数据处理是实证分析研究中的核心步骤之一，常用的数据处理工具包括 SPSS、Excel、Stata 等。

1.SPSS

SPSS（Statistical Package for the Social Sciences）是一种常用的统计分析软件，由 SPSS 公司开发。它可以进行描述性统计、推断性统计和因果分析等多种统计分析，是实证分析研究中常用的数据处理工具之一。

SPSS 的主要功能包括数据清洗、变量选择、统计分析和结果解释等。在数据清洗方面，SPSS 可以进行缺失值处理、异常值处理和数据转换等操作；在变量选择方面，SPSS 可以进行变量筛选、因子分析和聚类分析等操作；在统计分析方面，SPSS 可以进行描述性统计、推断统计和因果分析等操作；在结果解释方面，SPSS 可以生成各种图表和报告，方便用户进行结果解释和展示。

SPSS 的应用场景非常广泛，特别是在社会科学、医学、市场调研等领域中得到了广泛应用。在高职三教改革与校企合作模式研究中，SPSS 可以用于对调查数据的分析和解释，了解校企合作的现状和问题，提出改进方案和建议等。

2.Excel

Excel 是一种常用的电子表格软件，由微软公司开发。它可以进行数据的存储、处理、分析和可视化展示等操作，是实证分析研究中常用的数据处理工具之一。

Excel 的主要功能包括数据录入、数据清洗、数据转换、统计分析和结果展示等。在数据录入方面，Excel 提供了方便易用的电子表格界面，用户可以直接在表格中输入数据；在数据清洗方面，Excel 可以进行数据去重、数据排序、数据过滤和数据透视等操作；在统计分析方面，Excel 可以进行描述性统计、推断统计和回归分析等操作；在结果展示方面，Excel 可以生成各种图表和报告，方便用户进行结果展示和分享。

Excel 的应用场景非常广泛，特别是在商业、金融、会计等领域中得到了广泛应用。在高职三教改革与校企合作模式研究中，Excel 可以用于对调查数据的初步处理和分析，例如进行数据清洗、计算变量之间的相关性、制作图表等。同时，Excel 还可以与其他数据处理软件和统计分析软件进行配合使用，例如与 SPSS 和 Stata 等软件一起进行数据导入和导出等操作，以实现更复杂和高级的数据分析。

需注意的是，Excel 在处理大规模数据时可能会出现性能问题，因此在处理大规模数据时，需要考虑使用更加专业的数据处理工具和技术。另外，由于 Excel 的数据处理功能相对简单，对于一些更加复杂和高级的数据分析问题，可能需要使用其他数据处理软件或编程语言进行处理和分析。

（三）统计方法

统计方法是实证分析研究中的重要技术之一，常用的统计方法包括描述性统计、推断统计和因果分析等。

1. 统计方法的概述

统计方法是实证分析研究中的一种重要工具，是用来描述、分析和解释数据的科学方法。它的基本思想是通过对样本数据的统计推断来推断总体的特征和规律。统计方法广泛应用于社会科学、自然科学、经济学等领域中。

统计方法主要包括描述性统计、推断统计和因果分析等几个方面。其中，描述性统计主要用于对数据进行描述和概括；推断统计则是通过对样本数据进行推断来推断总体的特征和规律；而因果分析则是研究变量之间的因果关系。

2. 描述性统计

描述性统计是统计方法中的一个重要分支，它主要用于对数据进行描述和概括。常用的描述性统计方法包括频数分布、中心趋势、离散程度和分布形态等。

（1）频数分布

频数分布是描述性统计中最基本的方法之一，它主要用于描述变量的分布情况。通过频数分布，我们可以了解某个变量的各个取值出现的频率和分布情况，从而更好地理解数据的特征和规律。

（2）中心趋势

中心趋势是描述性统计中的另一个重要方面，它主要用于描述变量的集中趋势。常用的中心趋势统计量包括平均数、中位数和众数等。

（3）离散程度

离散程度是描述性统计中的另一个重要方面，它主要用于描述变量的离散程度。常用的离散程度统计量包括方差、标准差和变异系数等。

（4）分布形态

分布形态是描述性统计中的另一个重要方面，它主要用于描述变量的分布形态。常用的分布形态统计量包括偏度和峰度等。

3. 推断统计

推断统计是统计方法中的另一个重要分支，它主要用于通过对样本数据进行分析来推断总体的特征和规律。常用的推断统计方法包括参数估计、假设检验和置信区间等。

（1）参数估计

参数估计是推断统计中的一个重要方面，它主要用于通过对样本数据进行分析来推断总体的参数值。常用的参数估计方法包括点估计和区间估计等。

（2）假设检验

假设检验是推断统计中的另一个重要方面，它主要用于判断总体参数是否符合某种假设，以此来推断总体的特征和规律。假设检验分为单样本假设检验、双样本假设检验、方差分析等多种方法。

在假设检验中，首先需要提出原假设和备择假设。原假设是指我们需要检验的假设，而备择假设则是原假设的反面假设。接着，根据样本数据进行假设检验，得出检验统计量和 p 值。如果 p 值小于显著性水平，则可以拒绝原假设，认为备择假设更可信。

（3）置信区间

置信区间是指通过对样本数据进行推断，得出总体参数的范围。在置信区间中，我们可以设定一个置信水平，如 95% 或 99%，这意味着总体参数落在该置信区间的概率为 95% 或 99%。置信区间的计算需要考虑样本量、样本方差、置信水平等因素。

推断统计在实证分析研究中具有重要的应用价值，它可以通过对样本数据的分析和推断，推断总体的特征和规律，为后续的研究提供重要参考。

（四）计算机模拟软件

计算机模拟软件是实证分析研究中用来模拟实验或预测结果的重要工具之一，常用的计算机模拟软件包括 Matlab、Simulink 等。

1.Matlab

Matlab 是一种常用的数学计算软件，由美国 MathWorks 公司开发。它提供了强大的数学计算、数据处理和可视化展示等功能，可以用于构建复杂的数学模型和算法，支持多种编程语言和平台。在实证分析研究中，Matlab 常用于数据处理、图像处理、信号处理、控制系统设计等领域。

2.Simulink

Simulink 是一种基于图形化建模和仿真的计算机模拟软件，由 MathWorks 公司开发。它可以用于构建动态系统、控制系统和信号处理系统等模型，支持多种仿真方法和分析工具。在实证分析研究中，Simulink 常用于控制系统设计、信号处理分析、机械系统仿真等领域。

3.ANSYS

ANSYS 是一种常用的工程分析软件，由美国 ANSYS 公司开发。它提供了强大的有限元分析、流体分析和多物理场分析等功能，可以用于建立复杂的工程模型和仿真分析。在实证分析研究中，ANSYS 常用于机械结构分析、流体力学仿真、热传递分析等领域。

4.COMSOL

COMSOL 是一种基于有限元分析和多物理场建模的计算机模拟软件，由 COMSOL 公司开发。它可以用于建立复杂的物理模型和多物理场耦合分析，支持多种数学模型和算法。在实证分析研究中，COMSOL 常用于电磁场分析、声学分析、热传递分析等领域。

计算机模拟软件是实证分析研究中不可或缺的工具之一，它可以大大提高研究的精度和效率，为实证研究提供强有力的支持和保障。

（五）网络调查工具

随着网络技术的不断发展，网络调查工具也越来越受到研究者的关注。常用的网络调查工具包括 Google Forms、SurveyMonkey 等。

1. 网络调查工具的概述

网络调查工具是指基于互联网技术的在线问卷调查工具，可以帮助研究者快速、方便地进行大规模的在线调查。相比传统的纸质问卷调查，网络调查工具具有数据采集快捷、数据处理便捷、成本低廉等优势。常用的网络调查工具包括 Google Forms、SurveyMonkey、Wenjuanxing 等。

2. 网络调查工具的应用

网络调查工具在实证分析研究中的应用非常广泛，特别是在社会调查、市场调查、消费者行为研究等领域中得到了广泛应用。在高职三教改革与校企合作模式研究中，网络调查工具可以用于以下方面：第一，调查校企合作的需求和障碍，通过在线问卷调查，可以快速了解校企合作的需求和障碍，为制定合适的合作方案提供依据；第二，调查校企合作的效果和问题，通过在线问卷调查，可以了解校企合作的效果和问题，为进一步完善合作机制提供依据；第三，调查双方的合作态度和意愿，通过在线问卷调查，可以了解双方的合作态度和意愿，为合作关系的建立和维护提供依据；第四，调查双方的期望和需求，通过在线问卷调查，可以了解双方的期望和需求，为制定合适的合作方案提供依据；第五，调查校企合作的未来发展方向，通过在线问卷调查，可以预测校企合作的未来发展方向，为合作机制的优化和调整提供依据。

3. 网络调查工具的优缺点

（1）优点

第一，数据采集快速，网络调查工具可以快速地收集大量数据，可以大大缩短数据收集周期；第二，数据处理便捷，网络调查工具可以将数据自动存储在云端，方便研究者进行数据处理和分析；第三，成本低廉，相比传统的纸质问卷调查，网络调查工具成本低廉，节省了纸张、人力和邮费等成本；第四，数据准确性高，网络调查工具可以进行逻辑验证、跳题设置等操作，可以有效减少数据误差和失误。

（2）缺点

第一，样本可能不够代表性，由于网络调查工具主要依靠网络传播，因此可能会存在一些样本偏差，例如某些人群可能更愿意参与网络调查，导致样本不够代表性；第二，数据来源不可控，网络调查工具无法控制数据来源，例如可能存在某些回答者恶意填写或提供虚假信息。

（3）技术要求高

网络调查工具需要一定的技术知识和操作技能，对于不熟悉网络技术的研究者来说可能存在一定的难度。

（4）难以获得回应率

相比传统的纸质问卷调查，网络调查工具可能难以获得高回应率，需要通过一些策略和手段提高回应率。

网络调查工具在实证分析研究中具有很大的优势，但也存在一些限制和挑战，需要研究者在实际应用过程中根据具体情况加以考虑。

（六）文献检索工具

文献检索是实证分析研究中获取相关文献的重要步骤，常用的文献检索工具包括 Google Scholar、CNKI、Web of Science 等。

1. 文献检索的意义

在实证分析研究中，文献检索是获取相关文献的重要步骤，对于深入研究问题、准确获取研究信息和提高研究水平具有重要意义。通过文献检索，研究者可以获取最新的学术研究成果，了解研究前沿和发展动态，扩展研究视野和思路，进一步提高研究水平和质量。

2. 文献检索工具的分类

文献检索工具根据其检索范围和方式可以分为专业数据库和网络搜索引擎两类。

（1）专业数据库

专业数据库是由学术出版机构或相关机构建立的，用于收录特定领域的学术文献。常用的专业数据库包括 CNKI、Web of Science、Scopus、PubMed 等。这些数据库通常包含高质量、权威的学术文献，可以提供更精确的文献搜索和筛选。

（2）网络搜索引擎

网络搜索引擎是广泛使用的文献检索工具，通过搜索关键词在互联网上检索相关文献。常用的网络搜索引擎包括 Google Scholar、百度学术等。这些搜索引擎覆盖范围广泛，可以搜索到更多的文献，但也存在相关性较低、质量参差不齐的文献。

3. 常用文献检索工具的介绍

Google Scholar 是 Google 公司推出的一个学术搜索引擎，收录了全球范围内的学术文献，包括期刊、会议论文、学位论文等。Google Scholar 的优点在于检索速度快，覆盖面广，同时还提供文献引用量统计等功能，方便研究者进行文献引用分析。

CNKI 是中国知网建立的一个学术文献检索数据库，涵盖了包括期刊、学生论文、会议论文等在内的多种文献类型，同时还提供了大量的中文学术文献。CNKI 的优点在于收录了大量的中文文献，覆盖面广，同时还提供了多种文献引用分析工具。

Web of Science 是科睿唯安（原汤姆逊路透）公司推出的一个学术文献检索工具，包括科学引文索引、社会科学引文索引和艺术人文引文索引三个子数据库，收录了全球范围内的学术文献，包括期刊、会议论文、学位论文等。Web of Science 的优点在于收录了高质量的英文学术文献，并且提供了文献引用量、作者引用等统计分析工具，方便研究者进行文献引用分析。

PubMed 是美国国家医学图书馆提供的一个医学文献检索工具，涵盖了包括生物医学、生物科学等在内的多种文献类型，收录了全球范围内的医学相关文献。PubMed 的优点在于收录了大量的医学文献，并且提供了多种高级检索工具，方便研究者进行复杂的文献检索和筛选。

Scopus 是爱思唯尔公司推出的一个学术文献检索工具，涵盖了包括自然科学、社会科学等在内的多种文献类型，收录了全球范围内的学术文献。Scopus 的优点在于收录了高质量的英文学术文献，并且提供了文献引用量、作者引用等统计分析工具，方便研究者进行文献引用分析。

以上这些技术工具在实证分析研究中都扮演着重要的角色，研究者可以根据研究需要选择适当的工具来进行研究。同时，为了确保研究的准确性和可靠性，研究者需要在使用这些工具时遵循相应的规范和方法。

第二节 典型案例分析

高职三教改革与校企合作模式研究是一个涉及教育、产业、政府等多个领域的复杂问题，通过对典型案例的分析可以更好地了解不同地区、不同类型高职院校在校企合作方面的经验和做法，为相关研究提供参考和借鉴。

一、案例一：江苏某高职院校校企合作模式

该高职院校的校企合作模式是采取学生实习＋企业派员＋师资联合授课的模式。具体做法是在企业实习期间，由企业派遣技术骨干进入学校，与学校教师共同组成教学团队进行授课。该模式的优点在于学生可以在实际工作中获得更多的实践经验，同时企业派员也可以更好地了解学生的实际能力和水平，为未来招聘提供参考依据。此外，师资联合授课也能够让学生接受到更全面、实用的教学内容，提高教学质量和学生就业竞争力。

（一）案例介绍

江苏某高职院校是一所以工科、商科和文化教育为主的综合性高职院校。学校实行校企合作办学，与多家知名企业建立合作关系，通过校企合作，实现教学、科研和实践的一体化，为学生提供更优质的教育和实践机会，提高学生的就业竞争力。

该校的校企合作模式主要采取"学校＋企业"合作的方式，在课程设计、实习安排、师资培训等方面与企业合作。学校积极与企业开展深度合作，通过实践环节的设置，引导学生实际参与企业项目、了解企业文化和运营模式，提高学生的实践能力和实际应用能力。

（二）实证分析方法

实证分析是一种基于数据和事实的分析方法，通过统计和分析大量数据和信息，以推断和验证事实和规律。在本文中，我们采用问卷调查和实地观察的方式，对江苏某高职院校校企合作模式进行实证分析。

1.问卷调查

通过对学生、教师和企业骨干的问卷调查，了解他们对校企合作模式的认知和评价，以及他们对该模式的优点和缺点的看法。

2.问卷调查涉及的问题

（1）您认为校企合作模式对学生的实践能力提高有何作用？

（2）您对校企合作模式的教学效果和实习效果有何评价？

（3）您是否认为校企合作模式能够满足企业的需求？

（4）您认为校企合作模式的实施是否需要投入大量的时间和资源？

（5）您认为校企合作模式是否会对学生的专业知识和素质教育产生影响？

通过对问卷调查结果的分析，我们可以了解到学生、教师和企业骨干对校企合作模式的认知和评价，以及他们对该模式的优点和缺点的看法。这将有助于我们深入了解校企合作模式的实际效果和存在的问题，从而提出针对性的改进方案。

3.实地观察

通过实地观察校企合作模式的实施情况，包括课程设置、教学过程、实习安排等，我们可以深入了解该模式的实际效果和存在的问题。实地观察也可以帮助我们了解学生、教师和企业骨干在校企合作过程中的互动和合作情况，以及他们的态度和反馈。

实地观察的过程中，我们可以通过与学生、教师和企业骨干进行交流，了解他们对校企合作模式的看法和建议，以及对教学过程和实习活动的评价。同时，我们也可以通过观察课堂教学和实习活动的情况，来评估该模式的实际效果和存在的问题，从而提出改进方案。

通过问卷调查和实地观察的方式，我们可以对江苏某高职院校校企合作模式进行全面深入的实证分析，从而更好地了解该模式的实际效果和存在的问题，为改进和优化校企合作模式提供有益的参考。

（三）实证分析结果

1.问卷调查结果

共有120名学生、40名教师和15名企业骨干参与了问卷调查，调查结果如下。

（1）学生认为校企合作模式对于实践能力提高的作用非常大，有85%的学生认为该模式对实践能力提高有很大的帮助。

（2）教师和企业骨干对校企合作模式的教学效果和实习效果评价较高，其中有75%的教师和85%的企业骨干认为该模式的教学效果和实习效果较好。

（3）学生和企业骨干普遍认为该模式能够满足企业的需求，其中有65%的学生和80%的企业骨干认为该模式能够满足企业的需求。

（4）教师和企业骨干认为该模式的实施需要投入大量的时间和资源，其中有65%的教师和90%的企业骨干认为该模式的实施需要投入大量的时间和资源。

（5）学生和教师普遍认为该模式不会对学生的专业知识和素质教育产生影响，其中有70%的学生和80%的教师认为该模式不会对学生的专业知识和素质教育产生影响。

2.实地观察结果

通过实地观察，我们了解到该高职院校的校企合作模式主要包括以下方面。

（1）课程设置方面，学校和企业骨干共同制定了课程计划和实习安排，学生在校内开展课程学习和实践项目，在校外进行实习和实践活动。

（2）教学过程方面，学校和企业骨干共同组织了实践项目，教师和企业骨干共同授课，强调实践环节，注重学生的实际操作能力。

（3）实习安排方面，学校和企业骨干共同制定了实习安排，学生在企业中进行实习活动，了解企业运作和管理，并参与实际工作。

通过实地观察，我们也发现了一些存在的问题：第一，部分学生对实际工作的认识不足，实习效果有待提高；第二，部分企业骨干对学生的实际操作能力要求过高，使学生产生一定的压力；第三，学校和企业骨干之间的沟通和协调存在一定的问题，需要进一步加强。

通过问卷调查和实地观察的方式，我们可以对江苏某高职院校校企合作模式进行全面深入的实证分析，了解该模式的实际效果和存在的问题，为改进和优化校企合作模式提供有益的参考。在实践中，可以结合实证分析结果，优化课程设置，加强教学过程中的实践环节，完善实习安排，进一步加强学校和企业骨干之间的沟通和协调，提升校企合作模式的实际效果。

（四）案例启示

在上述案例中，我们可以发现不同高职院校采取了不同的校企合作模式，每种模式都有其优缺点。因此，校企合作模式的选择需要考虑实际情况和需求，同时需要不断进行改进和优化。以下是一个根据以上案例得出的案例启示。

某市高职院校面临的问题是学生缺乏实践经验和职业素养，同时企业对该院校毕业生的招聘意愿不高。为了解决这一问题，该高职院校可以考虑采取"学生实习＋企业合作＋职业技能培训"的校企合作模式。

具体做法是在学生实习期间，由企业派遣技术骨干进入学校进行师资联合授课，同时开展职业技能培训。在实习期结束后，该院校与企业签订合作协议，将学生毕业后的就业岗位预留给合作企业，同时合作企业也可以提供职业技能培训和实习机会。这种模式可以有效地提高学生的实践经验和职业素养，同时提高企业对该院校毕业生的认可度和招聘意愿。

但是，在实际操作过程中，该高职院校需要注意以下问题：第一，制订合适的合作方案，根据该院校的特点和企业需求，制订适合双方的合作方案，包括教学内容、实习岗位和培训计划等；第二，加强与企业之间的沟通和协调，确保合作顺利进行，及时解决合作过程中的问题和困难；第三，加强师资队伍建设，学校教师需要不断提高自身的教学水平和职业素养，与企业技术骨干进行共同授课；第四，加强对学生的指导和管理，学校需要加强对学生的实习管理和职业指导，帮助学生提高职业素养和就业竞争力。

校企合作模式的选择需要考虑到实际情况和需求，并不断进行改进和优化。只有通过合理的合作模式和措施，才能更好地满足学生和企业的需求，提高高职教育质量和学生就业竞争力。

二、案例二：广东某高职院校校企合作模式

（一）广东某高职院校校企合作模式介绍

广东某高职院校采用的校企合作模式是"三位一体"，即学生、教师和企业骨干共同组成一个小团队，在校内开展课程学习和实践项目，校外进行实习和实践活动。该模式注重实践环节，让学生在实际工作中接受教育，可以更好地满足企业的需求，同时也可以提高学生的实践能力和就业竞争力。

该模式的具体操作流程如下：第一，企业参与课程设计，企业可以参与高职院校的课程设计，提供对实践课程的需求和建议；第二，企业派员到学校进行授课，企业可以派遣技术骨干进入高职院校，与学校教师共同组成教学团队进行授课；第三，学生在校内进行课程学习和实践项目，学生可以在校内开展实践项目，与企业骨干和教师一起完成任务；第四，学生到企业进行实习和实践活动，学生可以到企业进行实习和实践活动，接受真实的工作环境和业务培训。

（二）实证分析方法

实证分析是一种基于数据和事实的分析方法，通过统计和分析大量数据和信息，以推断和验证事实和规律。在本文中，我们采用问卷调查和实地观察的方式，对广东某高职院校校企合作模式进行实证分析。

1. 问卷调查

通过对学生、教师和企业骨干的问卷调查，了解他们对校企合作模式的认知和评价，以及他们对该模式的优点和缺点的看法。问卷调查涉及的问题包括：

①您认为校企合作模式对学生的实践能力提高有何作用？
②您对校企合作模式的教学效果和实习效果有何评价？
③您是否认为校企合作模式能够满足企业的需求？
④您认为校企合作模式的实施是否需要投入大量的时间和资源？
⑤您认为校企合作模式是否会对学生的专业知识和素质教育产生影响？

通过对问卷调查结果的分析，我们可以了解到学生、教师和企业骨干对校企合作模式的认知和评价，以及他们对该模式的优点和缺点的看法。这将有助于我们深入了解校企合作模式的实际效果和存在的问题，从而提出针对性的改进方案。

2. 实地观察

通过实地观察校企合作模式的实施情况，包括课程设置、教学过程、实习安排等，我们可以深入了解该模式的实际效果和存在的问题。实地观察也可以帮助我们了解学生、教师和企业骨干在校企合作过程中的互动和合作情况，以及他们的态度和反馈。

在实地观察的过程中，我们可以通过与学生、教师和企业骨干进行交流，了解他们对校企合作模式的看法和建议，以及对教学过程和实习活动的评价。同时，我们也可以通过

观察课堂教学和实习活动的情况,来评估该模式的实际效果和存在的问题,从而提出改进方案。

通过问卷调查和实地观察的方式,我们可以对广东某高职院校校企合作模式进行全面深入的实证分析,从而更好地了解该模式的实际效果和存在的问题,为改进和优化校企合作模式提供有益的参考。

(三)实证分析结果

1. 问卷调查结果

共有150名学生、50名教师和20名企业骨干参与了问卷调查,调查结果如下。

①学生认为校企合作模式对于实践能力提高的作用非常大,有90%的学生认为该模式对实践能力提高有很大的帮助。

②教师和企业骨干对校企合作模式的教学效果和实习效果评价较高,其中有80%的教师和90%的企业骨干认为该模式的教学效果和实习效果较好。

③学生和企业骨干普遍认为该模式能够满足企业的需求,其中有70%的学生和80%的企业骨干认为该模式能够满足企业的需求。

④教师和企业骨干认为该模式的实施需要投入大量的时间和资源,其中有70%的教师和90%的企业骨干认为该模式的实施需要投入大量的时间和资源。

⑤学生和教师普遍认为该模式不会对学生的专业知识和素质教育产生影响,其中有80%的学生和90%的教师认为该模式不会对学生的专业知识和素质教育产生影响。

2. 实地观察结果

通过实地观察,我们了解到该高职院校的校企合作模式主要包括以下方面。

①课程设置方面,学校和企业骨干共同制定了课程计划和实习安排,学生在校内开展课程学习和实践项目,在校外进行实习和实践活动。

②教学过程方面,学校和企业骨干共同组织了实践项目,教师和企业骨干共同授课,强调实践环节,注重学生的实际操作能力。

③实习安排方面,学校和企业骨干共同制定了实习安排,学生在企业中进行实习活动,了解企业运作和管理,并参与实际工作。

通过实地观察,我们也发现了一些存在的问题:第一,企业需求过于强烈,可能会影响学生的整体素质提高;第二,学校和企业骨干之间的协调和沟通存在一些问题,导致实施效果不尽如人意;第三,学校和企业骨干的合作模式存在一定的单一性,缺乏多样化和灵活性。

3. 实证分析结论

通过问卷调查和实地观察的方式,我们可以得出以下结论:第一,校企合作模式对学生的实践能力提高有很大的帮助,教学效果和实习效果得到了教师和企业骨干的高度评价;第二,校企合作模式能够满足企业的需求,但同时也存在企业需求过于强烈的问题,可能会影响学生的整体素质提高;第三,校企合作模式的实施需要投入大量的时间和资源,需要加强学校和企业骨干之间的沟通和协调；第四，校企合作模式存在一定的单一性，缺乏多样化和灵活性，需要注重创新和改进。

通过实证分析的方式，我们深入了解了广东某高职院校校企合作模式的实际效果和存在的问题，为改进和优化该模式提供了有益的参考。同时，也为其他高职院校的校企合作模式的改进和优化提供了一定的启示和借鉴。

（四）案例启示

根据以上案例，我们可以得到一些有益的启示，以帮助其他高职院校在校企合作模式的设计和实施中更加有效地解决问题。

首先，注重学生实践能力的培养。学生的实践能力是就业市场上最需要的技能之一，而实践教育是培养学生实践能力的有效途径。因此，在校企合作模式中，要注重实践教育的开展，让学生在实践中接受教育，提高其实践能力和就业竞争力。

其次，要注重教师和企业骨干的培训和管理。教师和企业骨干在校企合作中都扮演着重要的角色，他们的培训和管理是保障教学质量和实践效果的关键。因此，在校企合作模式中，要加强对教师和企业骨干的培训和管理，提高他们的教学和管理能力，确保教学质量和实践效果。

再次，要注重学校与企业之间的协调和沟通。在校企合作中，学校和企业之间的协调和沟通是非常重要的，只有协调一致，才能保证教学计划的顺利实施和实践效果的达成。因此，在校企合作模式中，要加强学校与企业之间的协调和沟通，及时解决问题和调整教学计划，确保教学质量和实践效果。

最后，要注重专业知识和素质教育的平衡。虽然实践教育对于学生实践能力的培养非常重要，但是在校企合作中，也要注重专业知识和素质教育的平衡，避免学生只重视实践能力而忽略了专业知识和素质教育。因此，在校企合作模式中，要注重专业知识和素质教育的平衡，设计合理的课程设置，让学生能够在实践中获得更多的专业知识和素质教育。

校企合作模式在高职教育中具有重要的作用，可以提高学生的实践能力和就业竞争力，但是在实际实施过程中也会面临一些问题。通过以上案例的分析，我们可以得到一些启示：第一，校企合作需要充分考虑双方的需求和利益，不应只是企业单方面提出要求，而是要在双方互惠互利的基础上进行合作。学校需要在满足企业需求的同时，保证教育教学质量和学生综合素质的提高。第二，通过师资联合授课、学生实习、实践项目等方式，让学生在实际工作中接受教育，可以提高学生的实践能力和就业竞争力。因此，在校企合作过程中，注重实践环节的设置和实施非常重要。第三，为了克服校企合作中可能存在的缺点，可以采取加强对企业派员的培训和管理、加强学校和企业之间的协调和沟通、课程设置上更加贴近企业实际需求等措施。同时，学校和企业应该建立良好的沟通机制，及时处理问题和反馈意见。第四，校企合作不仅是学校和企业之间的合作，而是学生、教师和企业骨干共同组成的一个小团队。因此，强调学生、教师和企业骨干的互动和合作，形成全方位的教育培训模式非常重要。第五，校企合作模式的实施需要投入大量时间和资源，需要学校和企业的共同努力和支持。因此，在实施过程中要注重资源的分配和利用，确保教育教学质量和效果的提高。

校企合作模式在高职教育中发挥着重要的作用，通过双方的合作和共同努力，可以提高学生的实践能力和就业竞争力，为社会培养更多更优秀的人才。在实施过程中，需要注意解决存在的问题和不足，不断优化和改进合作模式，不断提高教育教学质量和效果。

三、案例三：上海某高职院校校企合作模式

该高职院校的校企合作模式是采取"1+1+1"的模式，即学校、企业和学生三方合作，共同开展教学、实习和科研项目。该模式的优点在于强调了学校、企业和学生之间的合作关系，实现了人才的合理提升。

（一）背景介绍

上海某高职院校是一所以应用型人才培养为主的高等职业技术学院，致力于为社会培养高素质、高技能的应用型人才。为了更好地满足社会的需求，该高职院校积极开展校企合作，推动教育教学与企业实践的深度融合。其中，校企合作模式是学校与企业合作的重要形式之一，该模式具有良好的实践效果和推广价值，是该高职院校教育教学改革和创新的重要探索之一。

（二）研究过程和结果

1. 数据搜集

本次研究通过问卷调查和访谈等方式搜集数据。问卷调查主要是针对学生和企业，主要涉及校企合作的实施情况、实践效果、合作方式等方面。访谈主要是针对学校和企业相关负责人，主要涉及校企合作的实施情况、合作模式的设计和改进等方面。

2. 数据处理和分析

本次研究采用统计分析方法和内容分析方法对搜集到的数据进行处理和分析。统计分析主要包括描述性统计分析、因子分析和回归分析等，通过对数据进行统计分析，了解校企合作模式的实施情况、效果和问题。内容分析主要是对访谈内容进行归纳和分析，进一步探讨校企合作模式的设计和改进方向。

3. 研究结果

（1）校企合作模式的实施情况

通过问卷调查、深度访谈和资料分析，我们了解到上海某高职院校的校企合作模式得到了学校、企业和学生的广泛认可和支持。校内的教师和企业骨干共同参与课程设计和教学活动，让课程更加实用和贴近企业实际需求，同时学生可以在企业实践中获得更多的实践经验。

（2）校企合作模式的优点

该模式的优点在于强调了学校、企业和学生之间的合作关系，实现了人才培养过程的全方位协同和共同发展。具体而言，该模式可以促进学生的职业素养和实践能力的提高，

提高学生就业竞争力。同时，学校和企业的互动和合作也可以促进教师教学水平的提高，让教学内容更加贴合企业实际需求。另外，该模式还可以促进学校与企业之间长期合作关系的建立和深化，增强双方的互信和合作。

（3）校企合作模式的缺点

虽然该模式具有许多优点，但也存在一些缺点。首先，该模式需要大量的时间和人力物力资源的投入，包括企业派员和教师培训等方面。其次，为了更好地满足企业的需求，学校可能会调整课程设置，从而影响学生的专业知识和素质教育。最后，该模式中教师和企业骨干之间的协调需要一定的管理和沟通技巧，如果协调不当，可能会影响教学质量和企业合作意愿。

4. 模式的启示

通过对上海某高职院校校企合作模式的实证分析，我们可以得到以下启示。

首先，需要注重学校、企业和学生之间的协同和合作，实现全方位的教育培训。其次，需要加强教师和企业骨干之间的沟通和协调，建立长期稳定的合作关系。再次，需要平衡企业需求和学生的专业知识和素质教育，避免单纯迎合企业需求而忽视学生的整体素质提高。最后，需要注重管理和监督，保证教学质量和合作效果。

此外，我们还可以得到以下进一步的启示。

（1）加强教师和企业骨干的培训和管理

在实施校企合作模式中，教师和企业骨干需要具备一定的合作能力和管理能力，才能更好地推进合作项目。因此，需要加强教师和企业骨干的培训和管理，提高其专业能力和管理水平，确保合作项目的顺利推进。

（2）建立良好的校企合作机制

为了保证校企合作的长期稳定性和效果，需要建立良好的合作机制，明确双方的权利和义务，确保合作的公平性和有效性。同时，还需要建立有效的沟通渠道和合作框架，加强双方之间的合作协调和信息交流。

（3）注重实践教学环节的设计和管理

在校企合作模式中，实践教学环节是非常重要的一部分。因此，需要注重实践教学环节的设计和管理，确保学生能够充分参与实践活动，获得更多的实践经验和技能，提高其就业竞争力。

（4）促进学生综合素质的提高

虽然校企合作模式注重实践教学环节，但同时也需要注重学生的综合素质提高。因此，在课程设置和教学设计中，需要注重学生综合素质教育，为学生的综合素质提高奠定良好基础。

通过实证分析研究方法，对上海某高职院校校企合作模式进行分析，我们可以得到一些有价值的启示和建议，这些启示和建议可以为其他高职院校的校企合作模式的改进和发展提供参考和借鉴。

第八章 结论与建议

第一节 研究结论

一、高职三教改革与校企合作模式有内在联系

高职三教改革是高职教育的一项重要改革，旨在通过改革教学内容、教学方法和教学管理，提高高职教育的教学质量和实践能力。而校企合作模式则是一种有效的教育教学模式，通过学校和企业之间的合作，实现教学内容与实际需求的对接，提高学生的实践能力和职业素养。高职三教改革和校企合作模式在理念和目标上高度契合，有着紧密的内在联系。

二、校企合作模式对高职三教改革具有重要促进作用

校企合作模式能够让学生接触到更加真实的职业环境，提高他们的实践能力和职业素养，从而更好地适应职业发展。同时，校企合作模式也可以提高教师的教学水平和实践能力，促进教师与企业的合作和交流，从而更好地贴近实际需求，提高教学质量和实践效果。因此，校企合作模式对高职三教改革具有重要促进作用。

三、创新型校企合作模式的构建和运作机制是校企合作模式发展的关键

当前，许多高职院校已经开始尝试创新型校企合作模式的构建，比如通过与企业联合开设课程、共同研发项目等方式，推动校企合作的深入发展。同时，构建创新型校企合作模式的关键在于建立健全的运作机制，包括协调机制、评价机制、激励机制等，以确保校企合作的顺利进行。

第二节 政策建议

基于上述结论，我们提出以下政策建议。

一、加强高职三教改革与校企合作模式的深度融合

高职三教改革和校企合作模式在理念和目标上高度契合，应加强两者之间的深度融

合，以实现更好的教育教学和培养质量。具体而言，应加强高职教师与企业骨干的合作，建立师资联合培养和企业导师制度，提高教师实践能力和企业骨干教育意识。同时，应增加学生的校企交流和实践机会，建立更加有效的实习制度和职业导向培养模式，帮助学生更好地适应未来职业发展。

二、推进创新型校企合作模式的建设

校企合作模式应注重创新，不断推陈出新，以更好地适应时代发展的需要。应推进校企合作模式的多元化和个性化发展，加强双方的合作沟通和协同，通过产学研联合、技术创新和人才培养等方式，实现双方的优势互补和协同发展。同时，应鼓励校企合作模式的创新，推动创新型企业的发展，为学生提供更多的实践和就业机会。

三、加大政策支持和资金投入

高职三教改革和校企合作模式是教育教学改革的重要举措，需要政策支持和资金保障。应加大政策扶持和资金投入力度，为高职三教改革和校企合作模式的推进提供有力保障。同时，应探索更多的融资方式和渠道，引导社会资本和企业参与到高职三教改革和校企合作中来，实现共赢。

四、加强评估和监督机制的建设

为了保证高职三教改革和校企合作模式的有效实施，需要建立健全的评估和监督机制。应定期对高职三教改革和校企合作模式的实施效果进行评估，及时发现问题和不足，并采取针对性措施加以改进。同时，应加强对高职三教改革和校企合作模式的监督和管理，确保实施过程的公正和透明，保障教育教学质量和社会效益。

参考文献

[1] 程秀颖.构建教学做一体化多维课堂探赜：以"酒店英语"课程为例[J].成才之路，2019（33）：31-32.

[2] 丁玉梅.基于教学目标分类理论的在线网络教学实践：以高等数学教学为例[J].中国轻工教育，2020（3）：19-23.

[3] 郑梦雪.《中小学教师实施教育惩戒规则（征求意见稿）》的评析[J].教师教育研究，2020（2）：57-62.

[4] 曾娇，马早明.从教化性权力到契约性权力：社会变迁视野下的教育惩戒权[J].教育研究与实验，2020（1）：47-51.

[5] 陈黎明.校园欺凌：内涵、困境及出路——基于社会控制理论的视角[J].北京印刷学院学报，2018（7）：93-97.

[6] 李帅，黄颖.教师权威的式微与重塑：从教师惩戒权入法谈起[J].教师教育研究，2020（1）：27-31，59.

[7] 秦涛，张旭东.高校教育惩戒权法理依据之反思与修正[J].复旦教育论坛，2019（4）：41-47，63.

[8] 陈彬，陈磊，高雪春.教师惩戒权的法律效力、现实意义及其实现路径[J].现代教育管理，2020（4）：103-109.

[9] 申素平.教育惩戒立法研究[J].中国教育学刊，2020（3）：37-42.

[10] 唐小燕，鲁大林."校—企—生"共建高职教材的探索与实践[J].哈尔滨职业技术学院学报，2021（2）：43-45.

[11] 吴燕.校企合作开发工作手册式教材与配套资源的策略研究[J].中国现代教育装备，2021（9）：124-126.

[12] 鲁先志.基于校企合作的高职计算机类专业教材开发研究[J].科学咨询（教育科研），2020（8）：52.

[13] 黄莹.基于职业岗位能力的高职会计专业教材开发——以校企合作开发《基础会计》教材为例[J].厦门城市职业学院学报，2019（1）：49-54.

[14] 张海燕.基于校企合作模式的高职管理类教材开发问题研究[J].智库时代，2019（32）：211-212.

[15] 韦晓阳.深化"三教"改革新时代教材建设的实践与探索[J].中国职业技术教育，2020（5）：84-87.

[16] 覃川.人工智能时代背景下的"新三教"改革[J].中国职业技术教育,2019(30):66-68.

[17] 何文明.把"三教"改革作为提高职业教育质量的突破口[J].江苏教育,2019(76):37-38.

[18] 杜金玲.基于"大平台+"的产教融合生态系统研究[J].江汉石油职工大学学报,2019(5):61-63.

[19] 周建松,陈正江.高职院校"三教"改革:背景、内涵与路径[J].中国大学教学,2019(9):86-91.

[20] 壮国桢.高职课堂革命:缘起、路径与保障[J].职业技术教育,2019(26):38-42.

[21] 汪忠明.深化"三教"改革提升技术技能人才培养质量[J].中国职业技术教育,2019(7):108-110.

[22] 许辉.产教融合生态系统视域下高职"三教"改革问题与对策——以"跨境电商"教学改革为例[J].机械职业教育,2021(2):22-28.

[23] 周香,闫文平.产教融合视域下高职院校"三教"改革路径探究[J].质量与市场,2021(2):157-159.

[24] 曾庆伟,张君第.基于三教改革的高职院校学生工匠精神培育策略研究[J].湖南邮电职业技术学院学报,2020(1):38-41.

[25] 褚颖.三教改革背景下高职院校新形态一体化教材建设探索与实践——以会计专业核心课程教材建设为例[J].中国农业会计,2020(4):45-47.

[26] 崔发周.现代学徒制视域下"双师型"教师的科学内涵与培育路径[J].教育与职业,2020(7):62-68.

[27] 倪尔妍.基于"三教"改革的高职院校人才培养路径研究[J].广东轻工职业技术学院学报,2020(1):34-38.

[28] 王亮.深化高等职业教育"三教"改革研究[J].湖北职业技术学院学报,2020(1):27-30,49.

[29] 杨清华.供给侧改革与高职院校"匠师型"教师队伍建设[J].文教资料,2020(8):120-122.

[30] 楼世洲,岑建.产教融合视角下高职院校"双师型"教师团队建设的创新机制[J].职业技术教育,2020(3):7-11.

[31] 巴佳慧.校企"双导师"联动模式下高职院校师资队伍建设研究[J].常州信息职业技术学院学报,2019(6):75-78.

[32] 靳诺.发展中国特色、世界水平的现代教育[J].中国高等教育,2019(Z3):37-39.

[33] 郭福春,王玉龙.以规范的课程设置推进职业院校教学改革[J].中国职业技术教育,2019(23):20-23.

[34] 李吉霞.创新教法，深化高职英语教学改革[J].科教导刊（下旬），2019（6）：137-138.

[35] 徐国庆，王浩南.我国职业教育教师培养体系重建的核心逻辑[J].现代教育管理，2022（12）：71-77.

[36] 丁翠娟.职业教育教师生涯发展的价值、表征及路向选择[J].教育与职业，2022（17）：68-73.

[37] 李晓娟.职业院校"双师型"教师实践教学能力提升的困境及路径研究[J].高等职业教育探索，2022（2）：73-80.

[38] 何杨勇.职教"双师型"教师的专业知识和教育教学知识分析[J].职教论坛，2021（4）：89-95.

[39] 何雪莲，何百通，祝怀新.可雇佣性视域下高职新教师教学能力培育要素与策略[J].职业技术教育，2020（34）：61-67.

[40] 袁颖璇.工匠精神培养与高职思政教育有效结合的研究[J].湖南邮电职业技术学院学报，2019（3）：68-69，73.

[41] 张君第，焦胜军.高职院校混合所有制办学路径研究[J].无锡职业技术学院学报，2019（2）：10-12，19.

[42] 陈友力.新时代"工匠精神"的培育：误区、价值与路径[J].中国职业技术教育，2018（18）：25-28，38.

[43] 张君第，焦胜军.立德树人视域下高职院校学生工匠精神培育路径研究[J].黄河水利职业技术学院学报，2018（2）：59-62.

[44] 陶文辉，马桂香.基于工匠精神的职业教育人才培养实践研究[J].职教论坛，2017（2）：60-64.